親子自由行

非洲

肯亞、贊比亞、辛巴威漫遊全紀錄

文·攝影 —— 蔡晉甄（蘇菲）

目錄

推薦序

1

　　蘇菲帶著 7 歲的孩子前往肯亞,用自助旅行的方式體驗非洲大地。這對孩子肯定是特殊的生命經驗,對父母也是很獨一無二的。

　　臺灣的父母大多會擔心帶著年紀太小的孩子出國,安全嗎?擔心的是,前往非洲真的可以嗎?而蘇菲在這本書中,將她如何準備這次獨特自助旅行的細節,都仔細的記錄下來。包含了打預防針、簽證、行前與孩子的心理建設溝通等細節,真的很適合想要帶著孩子玩世界的讀者參考。書中也紀錄了許多肯亞旅行的細節,包含蘇菲的女兒─小饅頭對於非洲所見所聞的童趣反應,讀起來特別溫馨。

　　我真心的建議有孩子的讀者,在孩子七八歲的時期,把握他還願意跟你出去玩的時候,去看看這個世界,有父母陪伴在身邊去享受這個世界的孩子是幸福的。翻開這本書,跟著蘇菲的腳步,也能實現「帶孩子去非洲看真正的野生動物」這樣的夢想。

旅遊作家 唐宏安
唐宏安的特殊路線流浪旅行 Attravel.tw

2

　　到非洲看野生動物大遷移是許多人的夢想。雖然距離臺灣遙遠,但絕對不是遙不可及!書中蘇菲利用簡易的文字,貼心地提醒大家旅遊注意事項,並用逗趣的手法,敘說全家人非洲自助旅行的趣事,令人不時會心一笑。我們雖然去過非洲獵遊,但從未涉足東非,因此在閱讀蘇菲的敘述引起許多共鳴。尤其出發前後去看旅遊門診這一段真的是太重要了!

　　不過最令人佩服的是夫妻倆從小就帶著女兒四處闖蕩,也讓尚未有孩子的我們上了一課,了解帶著小人旅遊該留意些什麼。文中使用深入淺出的方式介紹非洲不同景點以及地理人文,也幫讀者們有條不紊彙整各項實用的資訊,作為日後行前計畫的詳盡參考。這本書除了不只適合親子旅遊,也有助於那些想要自助卻不知從何下手的旅人們!安排非洲旅行就從這裡開始!

Winny
《地心引力抓不住的冒險家》旅遊作家

3

蘇菲絕對是我見過最酷也最愛旅行的年輕媽媽！

第一次認識蘇菲是在我的講座分享會上，當時已經知道蘇菲喜好旅行，但沒有認真地研究過蘇菲去過哪裡到過什麼國家，下意識的認為像蘇菲這樣出國需要帶小孩子的年輕媽媽，可能都只飛日韓一帶吧，殊不知當時的蘇菲已經帶了他們家的小饅頭到過神祕的中東以及非洲了。

我想小饅頭是幸福的，當其他的小朋友只能透過圖片或是電視機來認識動物時，蘇菲已經帶著小饅頭在東非的大草原上，聽著嚮導介紹眼前活生生的獅子如何爭搶地盤，脖子特長的長頸鹿如何低頭喝水。

「世界是沒有牆壁的教室」，我想在每一趟的旅程上，所有的事物都能成為小饅頭在人生道路上的養分。

說來慚愧，去過近 30 個國家，非洲也是我一直肖想但始終還未踏上的一塊土地，看樣子只好先來拜讀蘇菲的書來過過癮了，立志在未來的日子規劃一趟非洲之旅，要不然等我老了，我可能只能聽小饅頭炫耀她媽媽（蘇菲）怎麼帶著她在東非的大草原追逐動物了。

布萊 N 機票達人

4

千篇床頭故事，不如一次親身體會。

還記得第一次遇見蘇菲與小饅頭時，她的著作《中東的美麗與哀愁》才剛上市。在中東仍讓人覺得陌生的時候，蘇菲就已經牽著小饅頭的手，踏上這個總讓人覺得矇著神祕面紗的國度。

閱讀蘇菲的文章，總是讓人不自覺神遊其中。內容考究且精細、豐富又實用，僅管仍未有機會踏上著作中的景點，卻也讓喵爸喵媽嚮往不已！

2018 年蘇菲繼續牽著小饅頭一起跨足非洲，繼續譜出一段段引人入勝的旅程，寫出一篇篇令人驚奇的文章，拍出一張張讓人嚮往的照片。讓人彷彿跟隨他們的腳步一起踏上了旅程。小小年紀的小饅頭，既懂事又成熟，旅途中常常蹦出超齡又可愛的小饅頭語錄，看完常讓我們露出會心的微笑！

如果心裡有著「非洲適合親子遊嗎？」的疑惑，那你絕對不能錯過這本書！這不只是一本內容及資訊相當完整的非洲旅遊書，也是帶著小小背包客勇闖非洲大陸的工具書。

喵爸喵媽玩轉地球

5

一直很欽佩蘇菲能帶著可愛的小饅頭用自助旅行方式勇闖世界，讓小饅頭小小年紀就已踏遍世界，蘇菲用環遊世界行走各國的方式，讓小饅頭培養與其他同齡孩子不同的國際世界觀，用雙腳雙眼雙手親自閱覽這世界，並且挑戰了許多環境較艱辛的旅遊地點，如非洲肯亞等等……高難度旅遊國家。甚至連很多小饅頭去過的目的地我都還沒造訪過，真的是非常羨慕小饅頭呢！

書中蘇菲也提及了許多帶著孩子到非洲旅遊的行前準備與注意事項，如何克服種種困難及對孩子的行前教育等等細節，我相信是許多有孩子的家長非常重視的，常常我們會被非洲很落後呀！飲食環境不衛生等等刻板印象所限制，所以總是停滯不前，在我本身還沒去過非洲之前，我也是這麼認為的，但當我親自走過非洲一趟，我便了解了其實很多時候是你以為的困難，但其實並沒有那麼難！如果細細閱讀蘇菲在書中提到的一切美好，你會了解到非洲的美是值得帶著孩子親自勇敢去闖的！

我認為對孩子來說，最好的教養，就是讓孩子能身歷其境，小時候我們總是只能從地理課本了解這世界，如果也能親自走過這麼一遭，那麼我相信眼界會更加寬廣呢！所以如果你也想教養出國際世界觀的孩子，那麼就必須閱讀蘇菲的這本書。

法鬥兔星球 拉傻兒 Lasha

6

非洲肯亞一直是許多人旅遊的夢想清單，有許多人認為去非洲玩是年輕時的夢想。看完蘇菲寫的書，手把手的仔細介紹、生動活潑的內容，完整的告訴你一家人如何到非洲自助旅行。

為了在非洲自助旅行的過程中能夠玩得愉快，該注意的所有事項蘇菲都非常仔細的在書本裡分享給大家。非洲的旅行過程中你會遇到哪一些好玩的事，除了行程的安排、景點的介紹、更多的小撇步。是如何在每一次旅遊安排讓大人與小孩都能玩得更加愉快。

看到了成群的大象以及羚羊，寬廣無盡的大草原。所有旅途中難忘的部分，還有遇到突發狀況如何妥善的處理。孩子可以從旅遊的過程中得到難忘的回憶，學到更多課本裡面沒有的資訊。一家人非洲旅遊並不難，趕快收拾行李與家人小孩安排一次久違的夢想之旅吧！

Wei 笑生活

緣起—我的非洲夢

　　自從上回寫了關於中東旅遊的書籍後，喚起很多朋友對特殊路線旅遊的好奇心，頻頻催促關於非洲自助旅遊的資訊，也促成了我想把非洲大陸介紹給大家的想法，這塊未知的神祕淨土，讓許多人對它充滿好奇，卻又裹足不前，一方面是覺得危險，另一方面則是有預算上的考量。

　　因為市面上的非洲參團行程，東非旅遊的價格動輒要十來萬以上，甚至還有二三十萬的，不過這些旅遊客群主要是退休族群，以及新婚夫婦的蜜月之旅，吃住需要有一定的品質享受，所以預算上當然會提高許多；但像我們一家人都出動的親子旅遊，一趟機票已是筆大開銷，在其他花費上，就需要多加審慎評估。雖然我們不走克難的背包客路線，但畢竟是帶著小孩出門，無法太過清苦，也無法奢侈的一擲千金，因此把參團的錢拿來多參加點活動，吃點好吃的食物，對我們一家而言就是幸福了。

　　在查詢機票住宿及行程資料，努力做過功課後，發現非洲自助旅行倒也不是那麼困難，除了事前的準備工作要做好，出發前要再次聯繫清楚，我覺得比去歐美旅遊還輕鬆啊！原因就在於非洲的交通不便利，各個旅遊景點距離又遠，所以幾乎都要包車行動，或者參加當地一日遊或數日遊的行程，所以也就不需要去煩惱交通問題、票券問題，把旅行功課交由他人（當地旅遊公司）處理，只要準備一顆期待的心出發就行了！

　　其實一般旅行社走非洲旅遊團的行程，也是到了當地後，委託當地旅行社代為處理，差別只在於少了一位隨行的領隊照顧及提醒，少了中間這一層委託關係，自己直接接洽的費用也就能砍下很大一部分；如果還是信心不足，也能參加航空公司的自由行方案，把機票、住宿及接送問題先解決，行程部分再一一調整，這樣也是個折衷的方式。

　　在這段準備旅程的日子裡，心裡的非洲大夢漸漸有了藍圖，越來越覺得並非遙不可及，原本一無所知、充滿神祕色彩的非洲土地，居然也有實現的可能？以為要一擲千金才能造訪的國度，居然也能憑著一己之力，把小孩一起帶去！曾經在《動物星球》頻道上，看到震撼的動物大遷徙，當時那場景讓我久久不能忘懷，如果有機會，我要讓小饅頭看到草原上自在奔馳的野生動物的景象，感受大自然的奧妙。

於是，我們踏上了非洲土地，帶著六歲的小饅頭去肯亞，在東非草原上獵遊，親眼目睹動物大遷徙，真真正正的感受原始的味道。草原上沒有道路、沒有水電、沒有交通指標，有的只有無線電互通有無，以及司機的敏銳度及方向感，這才發現有些錢不能省，好的司機可以帶你上天堂，非洲五霸看到飽，隨時接收動物大遷徙的訊息，還會幫忙帶小孩，想要網路時，在大草原上也能瞬間給予支援（在前不著村後不著店的草原上，居然可以接收 Wi-Fi），實在太強大了。

就在去年，我們再度踏上非洲土地，跑了辛巴威、贊比亞和南非，終於見識到世界前三大瀑布的雄偉壯闊；勇闖了魔鬼池，感受一下在大瀑布頂端游泳是什麼滋味；在贊比西河上划獨木舟，看大象渡河、看河馬怒吼、讓猴子們窺探我上廁所；在繁榮的維多利亞城裡，用美金 10 元買到了一張一百兆的紙鈔；在千辛萬苦地拿到南非簽證後，目睹了海上五霸的風采，也體驗了人生中第一次的鯊魚籠體驗，小饅頭也體驗了第一次的海外托育服務。

這些完美的、驚險的、有趣的、失落的、感動的、悲傷的種種感受，全都被我打包收藏回家，都是我珍貴無比的難忘回憶，非洲實在太多樣貌了，太有趣了，千萬別輕易心動，一旦啟程了，就再也回不去了，不管去哪裡玩，都會有曾經滄海難為水之感啊！

這本書先與讀者分享肯亞、贊比亞與辛巴威三個國家的旅行，希望可以給想要到非洲旅遊的人打一劑強心針，非洲並非那麼的遙不可及，只要規劃好行程路線、打完該打的預防針、該帶的必備品準備好，也是可以自由行的，真的勇敢地踏出那一步之後，就會發現沒有你想像中的那麼困難。

↑ 鴕鳥也能騎？真不愧是南非，什麼都能讓你見識到。

↟ 阿布辛貝神廟是我從小在漫畫裡的夢，真正親眼目睹後，還是有非常不真實的感覺，如此巨大如此神機妙算，讓人驚嘆。

↟ 小饅頭居然摸到了活生生的小企鵝！企鵝就躲在棧板下，因為小饅頭手上的企鵝玩偶，引起了牠的好奇心，一直探頭出來張望，讓小饅頭偷摸成功。

贊比西河上有著各種在此生活的野生動物，象群及河馬群是最常見的，幸運的話，還能看見大象家族一起游泳渡河喔！

Part 1

前 言

非洲不是你想的那樣

去非洲旅遊之前，我對非洲也曾有許多的誤解，以及先入為主的舊觀念，例如他們全都是由一個個的部族所組成，所以語言很複雜，可能連英文也無法溝通，外表的黝黑膚色，常讓人誤會他們的不友善，也以為非洲到處都很熱，沒有冬天，不用穿厚重的保暖外套。

其實，非洲貧富差距大，繁榮與落後僅一牆之隔

非洲大部分地方真的很落後，窮鄉僻壤、飢寒困頓仍存在在大多數的非洲國家中，只不過這並非全貌，非洲也有新興的幾個大城市，大城市中的生活其實跟我們的世界相差無幾，例如新建大樓內的指紋辨別裝置，購物中心內的免費手機充電服務，還有滿街的購物商場及大型超市，甚至還有便利的 Uber 叫車服務及 24 小時的速食餐廳。

◀ 非洲跟亞洲有些地方蠻相像的，有落後交通不便的地區，也有十分繁榮進步的城市，有時甚至會有身處歐洲的錯覺。

其實，非洲也有冬天，也會冷到需要穿上羽絨衣

　　我一直以為非洲到處都很熱，直到出發前查了天氣，才發現日夜溫差很大，晚上甚至可能不到攝氏十度。我們是在冬天時去的埃及，當時那裡也是冬天，雖然不至於到覺得寒冷，但外套從沒離過身，在夏天時去了肯亞及南非，此時是南半球的冬天，根本天寒地凍，連肯亞人自己都穿高領毛衣及大外套啊！所以要捐贈衣物，外套及保暖毛衣才是他們真正需要的救濟品呢！不過，雖然寒冷，但白天的紫外線仍然非常強，千萬別輕忽防曬，這點需要特別留意。

↑ 看看小朋友們的穿著，非洲還是有冬天的啊！冷起來還是要穿高領穿毛衣的，所以帶物資去捐贈，記得把冬衣帶上。

其實，去非洲並沒有很貴，要看你怎麼玩

　　聽到要去非洲玩，大家第一個反應大都是「要去非洲？好貴耶！」但是如果聽到我們買的機票價格，大家又會再度嚇一跳。去肯亞旅遊的機票，我買的是衣索比亞航空，當時一人來回機票票價約臺幣一萬六千元；去南非及辛巴威的機票，買的是國泰航空機票，一人來回機票票價約臺幣兩萬四千元；納米比亞旅遊，買的是新加坡航空，一人來回機票票價約臺幣兩萬兩千元。非洲雖然沒有直達班機，但也都是中轉一至兩次的航班，總飛行時數大約 11 ～ 13 小時，跟去歐洲也相差無幾。

　　但是比起西歐和北歐的消費水平，非洲的消費就顯得平價太多了，費用高昂的部分只在參加旅遊行程的項目中，因為這個部分牽涉到專業及接送問

題，所以費用會高一點，不過隨著參加人數的多寡，進行活動時車款的種類等級，以及活動的時間長短等，都會有所調整，甚至最昂貴的獵遊行程，如果能參加到當地已經成團的包套行程，也可以用非常超值的價位來進行活動。

↑ 為了安全起見，在非洲的行程全包接送，這樣的吉普車來機場接送，一趟只要美金 10 元。

↑ 自己規劃去非洲旅行，可以玩得精簡，這間 B&B 含空調及早餐，後院還有小小的泳池，一家三口一個晚上不到一千元臺幣啊！

↑ 如果不是自己包車出遊，小饅頭怎能這麼愜意地躺著休息？

其實，去非洲玩沒有想像中的那麼危險

　　身為古老文明發源地的非洲大陸，面積為全球第二大，幅員廣闊，所以國家的多樣化也大，國家間不僅自然氣候的條件不同，政治經濟及社會狀況也十分迥異，整體而言，非洲國家的不安定程度，的確是高於歐美國家許多，這點不容置喙。不過到美洲或歐洲旅遊，也同樣存在著不同的危險問題，並非在非洲或是第三世界國家旅行，就會比較危險，治安再好的國家也會有壞人，而治安再差的國家也是有好人存在的啊！

　　出門在外，危機意識及安全觀念一定要有，這點放諸所有國家的旅行都是不變的道理，尤其是非洲，政局仍動盪不安的國家，或是即將要總統大選的國家，都是必須避開的地雷國。另外，首都大都是一國之中最不安全的地方，歐洲如此，非洲也是如此，例如法國的巴黎、捷克的布拉格、埃及的開羅、肯亞的奈洛比，及南非的約翰尼斯堡等，肯亞的各個野生國家公園就是肯亞境內最安全的地方，大部分的觀光客也是聚集在此，因為進入需要門票，裡面只會有業者和觀光客，其餘的就是野生動物了。加上非洲交通不便，為了發展觀光，大部分的旅遊活動都有包含接送，所以不用擔心交通上及安全上的顧慮，審慎的選擇旅遊公司，就變成了很重要的課題，老字號、評價好的旅遊公司會讓整個旅途加分不少，因此事前做好功課，會讓自己旅遊時輕鬆很多。

其實，自己去非洲旅遊並沒有想像中那麼苦

　　很多人花大錢去參加旅遊團，考慮的因素是因為擔心非洲的髒亂、疾病及蚊蟲問題，怕睡不好吃不好影響旅遊品質，甚至可能會生病，這點與自助旅行的考量也是相同的。既然是前往衛生條件比較不佳的非洲，自己的飲食就要靠自己把關，選擇住宿時找網路上評價還不錯的飯店，旅遊行程找口碑

↑ 若非親眼所見，怎能相信動物大遷徙是真的！這場面永生難忘。

佳的當地旅行社，不吃路邊攤，喝瓶裝水，做好衛生管理，其實並沒有想像
中的那麼不方便。

　　在肯亞旅遊時，野生國家公園內的大飯店，都是亞洲觀光團的天下，因為
價格高昂，加上沒有身處非洲的氣氛，我們捨棄入住大飯店的機會，選擇了入
住中價位的露營地，意外的結識了很多當地的家庭客，以及歐美的親子旅客，
大家晚上一同聊天玩樂，熱鬧有趣許多，小饅頭也交了不少的好朋友呢！

非洲旅行須知及行前準備

　　第一次去非洲旅遊，對當地狀況還不太清楚，建議可以先參加幾個飯店代訂，或是旅遊服務中心代訂的行程，付費或免費的都好，從這幾個行程中，稍微觀察了解當地狀況，再由導遊的介紹及提醒中，迅速熟悉當地。在非洲不管是哪個國家，基礎交通建設都不佳，想清楚並決定好自己移動的方式，才能玩得從容盡興。

衛生條件有疑慮，飲食及生活多留意

　　基本上飯店內的餐食都是沒有問題，安全且衛生的，最需要留意的是飲用水，一定要購買瓶裝水（礦泉水）來飲用，不要直接飲用當地的水，更謹慎的做法是連刷牙漱口洗臉的水（只要是會碰到口鼻的水），全都使用礦泉水，來確保沒有寄生蟲及其他疾病的問題。因此可以第一天到了當地，就先去超市購買個一打的礦泉水回來使用。

非洲蚊蟲難抵擋，防蚊防曬不可少

　　非洲環境大都為空曠的大自然，蚊蟲自然多，防蚊液尤其重要，因為我們沒被非洲的蚊子叮咬過，很容易會過敏，加上以蚊子作為媒介的傳染病種類繁多，一不小心染病就麻煩，除了備妥瘧疾的預防藥物外，還要準備幾罐含敵避 DEET 的防蚊液，以防蚊子軍團的攻擊。另外，雖然非洲的冬天溫度蠻低的，但白天的時候，陽光炙熱，紫外線很強，如果因為溫度低而輕忽了防曬，屆時可能會發現自己有點曬傷，到時就要花費更多的時間和功夫來修

復了,因此防曬準備要做好,擦好防曬品,戴上帽子(甚至墨鏡及口罩)出遊,既能防曬又能防蚊蟲,一舉數得。

行前準備做好,旅行更從容

1. 辦理簽證

　　出國最重要的,就是確認是否需要簽證才能入境,這幾個國家都需要簽證,所以出發前要把辦理簽證的相關文件準備妥善。最方便的就是埃及簽證,入境埃及需要辦理的是落地簽證,也就是一張大貼紙,費用為美金 25 元,下機後跟著大家排隊填單子及繳費即可。

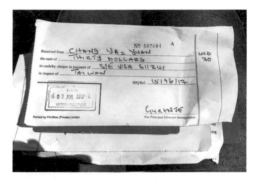

↑ 到非洲旅遊的各國簽證,12 歲以下的小孩幾乎都不收費,參加活動也都只有半價,真的好適合帶小孩去玩啊!

　　肯亞、辛巴威及贊比亞這三個國家的簽證都是線上申請,也就是電子簽證,直接於網路辦理簽證,大約三至五天便會收到,在當地上班時間辦理,甚至幾個小時後就收到了,列印下來即可,有時候會遇到遲遲未收到信件回覆,建議可以再重新申請一次。

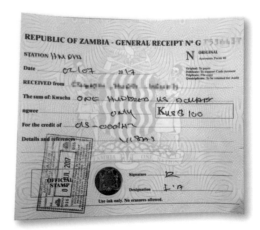

↑ 贊比亞的簽證,在線上填寫資料拿到確認單據後,直接在海關處繳費就可取得。

2. 找當地有口碑的旅行社

在非洲旅遊，沒有大眾運輸系統可以使用，交通十分不便，所從事的各項活動，除非是在城市裡的觀光，例如維多利亞瀑布城、開普敦或開羅，這些地方還能以步行方式或是搭計程車來進行，其餘地方就只能仰賴包車或是參加當地旅行社的一日遊及多日遊行程。

因此旅行社的口碑就顯得格外地重要了！一家信譽良好的旅行社，能讓旅行大大增色加分，遇到不負責任、隨便馬虎的旅行社，就可能會受了一肚子的氣回來，因為非洲人是有名的慢郎中，時間觀念差，若是擔心會影響行程進行，建議前一天要再三確認並提醒。

不管是埃及、肯亞、辛巴威、贊比亞，還是南非，這幾個國家都是以觀光著稱，當地旅遊公司很多，可以上 TripAdvisor 網站查詢評價，找出最適合自己的旅行社，再寫信去詢價；也可以到了當地後，再到旅遊服務中心諮詢及訂購，多項活動組合而成的套裝行程，會比一項項單一參加便宜喔！

↟ 在非洲旅遊很多事情都要聯繫，找一家有立案、合格有口碑的當地旅行社是最重要的，好的旅行社讓你上天堂，差的旅行社會讓你錯過行程，時間一再耽誤。

↟ 在非洲會發現互助合作的可貴，每家旅行社都不藏私，有新發現就會以無線電相互告知，有狀況也會趕來相助。

3. 相關疫苗注射及用藥

　　非洲旅遊，除了北非的幾個國家之外，幾乎都會建議或強制施打黃熱病疫苗；國際預防接種證明書（International Certificate of Vaccination or Prophylaxis）也就是所謂的黃皮書（Yellow Book），是一種全世界認可的預防接種證明文件。沒有事前施打黃熱病疫苗，根本無法辦理南非簽證，也別想前往南非旅遊；肯亞更是直接，入關時發現沒有攜帶黃皮書，會先帶去施打，才讓你入境，因此還是自己乖乖接種，比較省事。

　　非洲也是瘧疾的好發地區，尤其是肯亞，因此至少出發前的一個月就要先到旅遊醫學門診，施打必要的預防針，如：黃熱病疫苗、流行性腦脊髓膜炎疫苗、A肝疫苗等，並定期服用瘧疾預防藥物，而且必須遵照醫囑，一定要將藥物服用完畢，以免體內藥物的濃度不足而感染瘧疾。

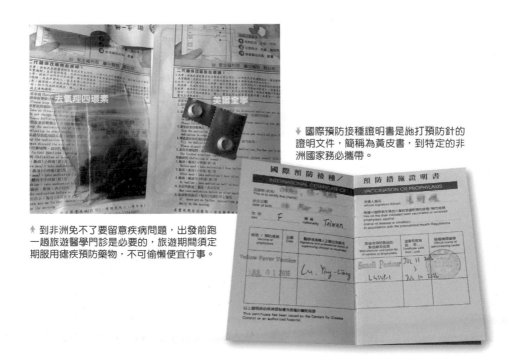

⬇ 國際預防接種證明書是施打預防針的證明文件，簡稱為黃皮書，到特定的非洲國家務必攜帶。

⬆ 到非洲免不了要留意疾病問題，出發前跑一趟旅遊醫學門診是必要的，旅遊期間須定期服用瘧疾預防藥物，不可偷懶便宜行事。

東非玩什麼？

對非洲懷抱憧憬的我，其實以前根本所知有限，別人因未知而恐懼，我則是因未知而充滿好奇心，一直想著自己去玩到底可不可行，思忖著該如何克服這些困難。

在非洲的大草原上獵遊，是沒有道路、沒有水電、沒有指標的，因此日落之前一定要離開。

東非的地理自然環境

　　東非國家位於撒哈拉沙漠以南，是以黑人部落為主的各國，族群和語言眾多，更遑論他們的宗教與文化有多麼複雜及多元了，因此這幾個國家城市與鄉村間的貧富差距極大，大致上都是比較貧窮且需要建設的。

　　東部非洲地勢較高，是高原、地塹和湖泊串起的區域，因為斷層陷落的緣故，非洲大陸的板塊形成寬度約 40 ～ 50 公里的裂谷，這就是衛星上頭也能清楚拍攝到的「東非大裂谷」；而裂谷旁邊是非洲的高原區，是全非洲地勢最高的地區，有「非洲屋脊」之稱；這片非洲屋脊的最高點，在往南一點的地方，就是非洲的最高峰「吉力馬札羅山」，它是座火山口長年冰雪覆蓋的休眠火山。這些都是世界遺產的地理奇景，因此別再說非洲都很熱，不用穿外套，這些東非國家的冬天，大夥兒都是外套棉被包緊緊的呢！

衣索比亞，原來地景如此豐富精彩

　　能追溯到最早的人類起源地在衣索比亞，最古老的火山熔岩湖（Erta Ale）也在這裡，是衣國北部地質活動極為活躍的達納基勒窪地（Danaki Depression）地帶。這裡有著地球上已知的最古老的熔岩湖，以及硫磺地貌的火山（Dallol），像極了五彩瑤池的地表，冒泡的硫磺池，色彩繽紛絢爛；而衣國南部偏遠山區（Omo Valley），有個世上最偏遠的原始部落（Mursi），也就是大家熟知的盤唇族部落，至今他們依然過著極為原始的部落生活。

肯亞、坦尚尼亞，每年不斷上演動物大遷徙

　　到非洲獵遊旅行（Safari），應該是許多人旅遊夢想清單上的選項之一，不管是拿著望遠鏡還是高倍數的望遠相機，依照指示不停地尋覓非洲五霸的蹤跡，還是痴痴守候在馬拉河畔，欣賞成千上萬的牛羚、斑馬進行一場動物大遷徙，或是體驗入住野生國家公園內的豪華帳篷，睡覺時聆聽遠方不斷傳來的動物吼聲，門前草叢以手電筒一照，就會看見立刻竄逃的河馬或是猴子們，這些特殊的獵遊體驗，絕對讓人永生難忘。

　　來到這兩個國家旅遊，還可以參觀東非草原上唯一可以與野生動物一起生活的馬賽族部落，他們依舊過著沒有水電、鑽木取火、自建茅草土屋以及狩獵維生的原始生活，唯一改變的是，觀光改善了經濟，目前這兩個國家（甚至是馬賽族），都是仰賴觀光來改善貧窮，另外在借助外力之下，也精進了農牧業來賺取外匯，工業化的結果也逐漸發展各種產業。

烏干達、盧安達，世界唯一的銀背大猩猩棲息地

　　在非洲只有剛果、烏干達及盧安達這三個國家，可以探訪瀕臨滅種危機的野生大猩猩族群，其中又以烏干達及盧安達最受旅客歡迎，因為政治社會穩定，而且也較為方便旅遊。這幾個國家地處非洲中部，曾經歷過戰火的洗禮，但無損「千山之國」的美譽，整個國家群山層巒疊嶂，綿延起伏，風景怡人。

　　在這群山之中，有著全球將近一半的山地銀背大猩猩族群在此聚居，必須深入雨林山區，徒步登山至少步行 5 ～ 10 公里以上去探尋，部分山路崎嶇，因此兩國皆有規定，必須年滿 15 歲的旅客，才能參與尋找大猩猩的登山活動。畢竟幼童參與難免會有安全上的疑慮，也只能飲恨了。

← 到東非獵遊，我首選肯亞，雖然其他的東非國家我也很想造訪，但是以觀光旅遊發展的成熟度，以及費用上的考量，最終我還是先選了肯亞，但是其他國家，總有一天我還是會去的。

↓ 東非的動物大遷徙，每年都會上演一次，時間不一定，牛羚何時要跳下河沒人知道，但是遇上了，就是中頭獎了。

↑ 這麼近距離的觀看河馬還是第一遭,雖然覺得新鮮有趣,但河馬各個都是火爆浪子,看起來再可愛都不能輕易靠近牠。

↑ 到了非洲,才懂得分辨獵豹與花豹,也才知道原來花豹會爬這麼高的樹。

↑ 每天出門都不知道會邂逅哪些動物,會發生哪些有趣的新鮮事,這樣的未知,也是種幸福體驗。

↑ 南部非洲也是觀看野生動物的好選擇,不一定要住在野生動物保護區內,也能參與由飯店提供的吉普車獵遊活動。

↑ 紅鶴很美麗，成千上萬的紅鶴聚集更是壯觀，但是親臨現場，卻覺得沒那麼浪漫了，漫天的羽毛飛舞令人害怕。

↑ 非洲主要道路上的指標，一個比一個可愛，要留意羚羊或斑馬不稀奇，要留意大象才有趣。

↑ 到非洲泛舟並不可怕，反而可以感受到非洲人步調緩慢的愜意，不疾不徐的處事風格，遇事（或野生動物）都能十分鎮定。

↑ 維多利亞大瀑布橫跨贊比亞及辛巴威兩國，如果想感受一下世界前三大瀑布的美景，絕對值得來走一遭。

辛巴威、贊比亞，因維多利亞瀑布而興起

　　南美的伊瓜蘇瀑布，以面積最寬廣而居世界之冠；美國的尼加拉瀑布，以水勢浩瀚稱王；而辛巴威與贊比亞的維多利亞瀑布，則以水勢落差最大（150公尺）而奪魁，這三大瀑布並列為世界前三大瀑布，辛巴威與贊比亞也因為維多利亞瀑布在此，而使觀光客終年絡繹不絕。光是一個維多利亞瀑布，就能從事多種的相關旅遊活動，贊比西河可以垂釣、可以泛舟、可以遊河，瀑布可以玩高空彈跳、玩鞦韆橋，還能到瀑布頂端的魔鬼池游泳，不過癮的話，還能搭乘直升機，在天空中眺望俯瞰整個維多利亞瀑布，來趟壯闊的瀑布巡禮。

　　聽完了我絮絮叨叨地描述，這些有別於歐美風情的壯闊自然美景，原始多樣貌的動物生態，豐富新奇的人文風情，是不是也讓你怦然心動了呢？接下來就跟著我，一步步地開始計畫屬於你的非洲之旅吧！

↑ 來到辛巴威，當然要當一次超級大亨，隨便拿出個紙鈔，都是億來億去的，好像在玩大富翁桌遊，十分逗趣。

東非草原上的動物巨星

非洲五霸介紹

　　非洲五霸，指的是非洲獅、非洲豹、非洲象、非洲水牛以及黑犀牛，這五種動物是非洲大草原上最兇猛的野獸。會如此將牠們並列，是因為這五種猛獸被認為是最危險，也最難被獵殺，想要捕捉到牠們的蹤跡的難度也最高，因此很多人到非洲旅遊，心心念念就是為了蒐集到這五霸的英姿。

非洲獅（Lion）五霸之最兇猛

↑ 身為萬獸之王的非洲獅，當然是五霸之中最兇猛的野獸，不僅只是牠的強悍和巨大，還有宏亮的吼聲和威武的雄姿，霸氣十足，傲視著周圍的一切，不過也因為牠的風采，使牠成為盜獵名單的榜首，漸漸瀕臨滅絕。

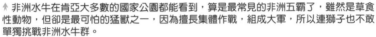

非洲水牛（Buffalo）五霸之最強悍

↑ 非洲水牛在肯亞大多數的國家公園都能看到，算是最常見的非洲五霸了，雖然是草食性動物，但卻是最可怕的猛獸之一，因為擅長集體作戰，組成大軍，所以連獅子也不敢單獨挑戰非洲水牛群。

➡ 犀牛是僅次於大象體型的陸地動物，目前因為瀕臨滅絕，所以非常珍貴，是最難尋覓到的非洲五霸之一，但是牠脾氣最暴躁，常常主動攻擊陌生的氣味及聲音來源，速度也很快，不得不慎。

黑犀牛（Rhino）五霸之最暴躁

非洲象（Elephant）五霸之最巨大

← 非洲象體型龐大而笨重，喜歡群居，是陸地上最大的哺乳動物和第二高的動物，雖然牠們在體型上有優勢，在草原上所向無敵，但大多數是溫和的，只有在憤怒或恐懼時，才會主動攻擊。

→ 身形修長，體型較為精瘦，身上花紋是黑色實心的斑點，外型上最顯著的特徵是臉上淚溝，牠是世界上跑得最快的動物，最快可以到時速 110 公里，但好逞易窮，全力衝刺追到獵物後就累了。

獵豹（Cheetch）地表速度最快

非洲豹（Leopard）五霸之最神祕

← 非洲豹就是花豹，或是我們說的金錢豹，牠的體型像老虎，結實有力，頭比獵豹略大，尾巴較長，身上花紋呈現圓形或梅花型的黑色斑點，常常隱身在樹上，是僅次於獅子的獵殺者。

註 花豹會爬樹，獵豹跑得快；花豹頭較大，獵豹臉上有著深深的淚溝。

帶小孩到非洲自助旅行到底行不行

　　到非洲獵遊是很棒的旅遊體驗，不過家裡的小朋友能不能適應非洲的生活，則是考驗大人的判斷力，畢竟環境不比其他的旅遊地區，如果孩子平常健康狀況還算良好，也不常感冒發燒，有固定的運動習慣，飲食也可彈性處理，那麼就在判斷可行的基準之上。

兩大一小，三人自助價，等於一人參團價，還不心動嗎？

　　自助旅行最大的優點在於自主性極高，想要如何變動行程的安排，都能隨心所欲做調整，例如出發當下發現因為氣候及湖泊狀態的改變，火鶴鳥在納庫魯湖國家公園（Lake Nakuru National Park）已不復見，所以立即寫信給當地業者，更改行程前往柏哥利亞湖（Lake Bogoria），隨著火鶴鳥遷徙，我們也跟著遷徙了。

　　肯亞是非洲國家中，第二名安全穩定的旅遊國家，第一名則是南非共和國，政治社會都相對穩定安全，帶著小孩出遊，會比較安心一點，可以做為第一趟非洲旅行參考地點的選擇。

↑ 小饅頭活潑好動，平常就是個健康寶寶，這也是我們敢於嘗試帶她來非洲旅遊的考量原因之一。

TABLE MOUNTAIN, CAPE TOWN, SOUTH AFRICA.

#TableMountain 1. 33°54' 1.90''S 18°25'15.70''E

↑ 這個年紀的孩子，還願意配合爸媽拍照玩耍，再大一點就會開始彆扭了，所以趁著孩子還願意黏著爸媽的此時，要多出來玩，留下可愛的照片好留作紀念啊！

↑ 五六歲的孩子，正是學人精，什麼都想跟大人一樣，不願意用手機拍照，她也想拿起相機拍攝，偶爾把相機交給孩子，會有意外的收穫喔！

↑ 出國旅行，除了訓練英文聽力外，還能順便訓練膽量，每當小饅頭想要做什麼事時，我都會鼓勵她自己去試試看。她最愛吃現做的烤餅了，所以她主動去跟廚師說她還想再吃一片。

帶小孩去非洲旅行 行前準備及注意事項

1. 疫苗施打不馬虎

　　第一點也是最重要的一點，要帶去非洲的孩子，最好已經完成一般常規性的疫苗施打，例如像 A 型肝炎疫苗、小兒麻痺疫苗及其他疾病疫苗等，一般是五歲左右就能施打完畢。出發前一定要去醫院的旅遊門診施打「黃熱病疫苗」，以及「流行性腦脊髓膜炎疫苗」，並拿取「瘧疾預防用藥」，做好必要的一切防禦措施，防患於未然，在出國期間，也一定要記得定期服用瘧疾用藥。

2. 做好防蚊準備

　　第二點就是要準備防蚊液及防蚊貼，隨時做好驅蚊的準備，因為非洲蚊子超級多，超級黏人，尤其是在肯亞草原上，而小孩就是首要被攻擊的對象，常常一不留神，就會發現一堆蚊子黏上了小孩的臉及手腳，要趕緊驅蚊及補擦防蚊產品。除了防蚊液外，長袖衣物、鞋襪及口罩帽子等，也是防蚊的好裝備，而且還能防塵防風沙。

3. 攜帶常備良藥

　　出發前可以先去醫院做個簡單的健康檢查一下，確定小孩的身體狀況適合旅行，並準備好發燒藥水、鼻塞、咳嗽、拉肚子、便祕的藥物或是益生菌，小小的身體不適，可以自己處理一下。在肯亞旅遊時，小饅頭就曾突然上吐下瀉過，當時讓我有點慌了手腳，所幸當時有備藥可以應急，加上適當的休息及補充水分，人還沒回到臺灣病就好了，不過回臺之後，還是有前往旅遊醫學門診回診，告訴醫師狀況，圖個心安。

4. 注意防曬及保暖

　　東非草原上的動物大遷徙是在暑假期間，這時候是肯亞的冬天，因此早晚非常寒冷，但太陽出來後，紫外線強度又高得驚人，加上非洲旅遊幾乎都是戶外活動，因此防曬及保暖都要準備，小孩不比大人，一旦稍不注意，可能就會曬傷，或是感冒打噴嚏，不論是保暖還是防曬都十分重要。

5. 不要隨便飲食

　　非洲不比臺灣，任何要吃下肚的食物都要再三評估，盡量在餐廳或超市購買及飲食，不買路邊的小吃或零食，而且全程都要飲用瓶裝礦泉水，連刷牙洗臉也使用礦泉水來盥洗，畢竟小朋友的腸胃弱，萬一水質有問題，或是不適應，一旦上吐下瀉，那就麻煩了。

6. 基本清潔用品不可少

　　出國旅行，我習慣在隨身包內放一大包濕紙巾、消毒紙巾及面紙，另外乾洗手和口罩也是必備，因為小朋友免不了常會用手吃東西，而且長途車的旅行途中，如果覺得無聊，會想要吃吃喝喝，在食用之前，隨時提醒小孩要清潔手部，避免把不乾淨的東西吃下肚。

7. 行前要教育之一：不可冒犯動物

　　非洲是動物們的家，而我們是到人家地盤上的客人，所以一定要遵守規矩，不能驚擾到動物們，也不能讓動物們生氣或受傷害，例如不能亂丟東西或食物，也嚴禁餵食，這樣會讓動物生病，而且造成動物的混亂。

　　最重要的是，獵遊活動時不能大聲喧嘩，驚嚇到動物，大象、獅子、花豹、犀牛等的動物脾氣都不太好，若是發起狂撲過來攻擊，雙方都會受傷害，雖然獵遊的司機都有配槍，但是因為人類的無知而讓動物受傷，這不是很過分嗎？

8. 行前要教育之二：觀看圖鑑或影片

　　我習慣建立情感連結，讓孩子在出發前就對旅行有所期待及了解，所以建議可以去圖書館借一些非洲動物的圖鑑或介紹，也可以去租些相關影片來欣賞，讓孩子稍微了解要去哪裡玩，那裡會有什麼值得觀看及期待的景物。

　　在肯亞馬賽馬拉大草原（Maasai Mara）時，每天我們的司機都會一一向小饅頭介紹看到的動物名字，教導小饅頭寫下來及畫下來，一趟旅行下來，在獵遊車上小饅頭就完成了她的獵遊日記，等待時一點也不覺得無聊呢！

◄ 看見小饅頭的這個表情，就覺得這趟旅行值得了，因為她已經可以自己發現旅行的樂趣了。

➜ 在獵遊車上完成的日記，左邊畫的是下雨天，我們搭船去看河馬；右邊畫的則是我們一家去搭熱氣球，在空中看見底下的牛羚。

034

9. 攜帶小包裝的零食來做國民外交

　　遠距離的長途車程，小朋友容易無聊，會想吃東西，可以去大賣場買餅乾類的分享包，每一包都小小的，開了就能吃完，比較沒有壓力。遇到車子停靠路邊休息片刻，或是進加油站加油時，可以拿出來做國民外交，拿給旁邊的小朋友分食，小朋友們都會好開心，一直說謝謝。

　　盡量買健康一點的餅乾或是仙貝類的食物，片裝海苔也可以，不要帶糖果去，因為非洲小朋友們大部分都沒在刷牙，為了他們的牙齒健康，還是盡量避免給糖果喔！

↟ 在貧民窟的小學裡，這群孩子都跟小饅頭差不多歲數，看到貧困髒亂及艱難的處境，對小饅頭的衝擊很大，相信在她的心裡，一定深深埋下仁慈善良的種子。

↞ 肯亞私立小學的校外教學，與我們在小象孤兒院不期而遇，小朋友間的相處很神奇，即使語言不通，還是能玩成一片啊！

脾氣超級暴躁的犀牛，無緣無故就暴怒了，千萬別惹牠們。

Part 2

肯 亞

肯亞概況
一個動物比人類快樂的國度

　　肯亞共和國（Republic of Kenya）位於非洲東部，國土面積不大，大約 58 萬平方公里，人口大約 4,700 萬，但卻由 44 個部落所組成，包括為了對在肯亞有貢獻的亞洲人給予肯定，而在 2017 年新增設的「肯亞亞洲人」（Kenyan Asians）。每個部落都有自己的語言和文化，衝突時有所聞，尤其是選舉期間，容易受到政黨的操控所致。肯亞因為曾受過英國統治，所以官方語言是英語和斯瓦希里語（Kiswahili）。

↑ 肯亞首都奈洛比附近的阿布岱爾國家公園，有間著名的樹頂飯店，飯店的後方挖了個人造湖，清晨及日落時分都會有動物們前來飲水。

關於肯亞歷史——受歐洲影響頗深

　　肯亞是人類發源地之一，曾發現過距離現在有 250 萬年的人類頭蓋骨化石，而後幾世紀，阿拉伯人與葡萄牙人陸續到此經商，並且發展沿海城市的經濟，因此沿海城市有濃厚的歐洲風情；到了第一次世界大戰後，肯亞成了英國的殖民地，第二次世界大戰後才獨立，結束長達 70 年的殖民統治，長久的殖民地經濟發展，以及種族隔離政策之下，肯亞在獨立之後，經濟發展極不穩定，再加上缺乏專業知識和貪汙風氣的盛行，所以近年來都市物價飆漲，使得貧富差距再度拉大，城鄉差距也越來越大。

關於肯亞地理——地形環境特殊

　　肯亞位於非洲東部，赤道橫跨其中，因此國土南北季節相反，除了東部臨印度洋的區域是狹長的平原地形之外，剩餘的大多為高原地形；有一條世界最大的東非大地塹帶（又稱東非大裂谷）向西南延伸，谷底有著許多的火山，而在裂谷東側則是非洲的第二高峰「肯亞山」。由於東非大地塹將肯亞切為兩半，而與橫貫肯亞國土的赤道相互交叉，因此肯亞也被稱作「東非十字架」。

　　來到肯亞旅遊，除了追尋動物蹤影的樂趣外，特殊的地形也值得一探究竟，尤其都來到赤道了，一定要做科氏力（Coriolis Effect）的實驗。柯氏力是因為地球自轉所造成的現象，這種偏向力在北半球的行進方向會往右偏，在南半球會往左偏，在赤道上則為零。肯亞人很愛表演這項實驗，他們會放水盆在地上，然後滴水進水盆裡，放北半球那端時，水流會逆時針旋轉；而水盆放南半球那端時，水流會改為順時針旋轉；放在赤道上時，水流則是筆直而下不會旋轉。

↑ 來到肯亞，乘坐獵遊車是日常，從窗戶隨意一瞥，就能看見長頸鹿、斑馬或是牛羚，也是日常。

↑ 看見這麼可愛的小獅子，請別太鬆懈，因為意味著母獅就在附近，所以乖乖安靜拍照就好。

↑ 在赤道標誌附近，玩科氏力的實驗，實驗結束後，會頒發一張到赤道一遊的證明，當然不是免費的，但大家都還是買了，小小的遊戲，小小的金錢，雙方都得到滿足。

← 弱肉強食不斷上演的草原上，當牛羚被花豹或獅子獵殺後，剩下的殘餘，會有鬣狗過來繼續啃食，等鬣狗散去後，就是這些禿鷹的清理時間了。

肯亞觀光資源—非洲最多野生國家公園的動物天堂

　　曾為英國殖民地的肯亞，變成了貴族狩獵的天堂，從歐洲遠道而來的達官貴人與富商們，把這當作是度假的避暑勝地，而發展出「Safari」這個名詞。這個字在肯亞的斯瓦希里語為「旅行」之意，漸漸變成野生動物的狩獵之旅，許多野生動物在大肆捕獵娛樂之下，已瀕臨絕種，所幸在 1977 年，肯亞政府終於全面禁止狩獵，陸續設置了四十多座國家公園及野生動物保護區，現在 Safari 成了以望遠鏡相機搜尋動物的觀察之旅。

　　肯亞也成為非洲國家中，最早開始意識到野生動物保護的重要性，也懂得將野生動物視為國家無價的傳承，重要的觀光資產，因此在野生國家公園內，完整保留地表的原始面貌，禁止任何人為破壞。在肯亞仍有許多人處於貧困的狀態，但野生動物們卻得以使用國家資金，安全安穩的在野生國家公園內受到保護，無疑是比人類更快樂的動物天堂，也是嚮往大自然生態觀光的動物攝影家的天堂。

↑ 肯亞的湖泊也是許多鳥類的棲息地，尤其是成千上萬火烈鳥聚集的柏哥利亞湖區，把整個湖面都染成了粉紅色。

↑ 每年周而復始上演的動物大遷徙，在渡過馬拉河的過程中，不斷上演著弱肉強食的場景，沒有親眼目睹，很難相信這是如此真實而殘酷的事實。

肯亞的野生國家公園內，除了一年四季都可觀賞到種類繁多、數目龐大的野生動物群之外，大約在每年的6月中旬至9月間，會有成千上萬的羚羊、斑馬、角馬等，從坦尚尼亞的賽倫蓋提大草原（Serengeti），陸續橫渡馬拉河來到馬賽馬拉的國家公園保護區，為了肥美的水草而遷徙，其數量驚人且規模龐大，這場大自然的奇蹟讓全世界旅人為之著迷，是肯亞國家公園中最特別的奇幻之旅，如身歷其境在《Discovery》頻道裡，會讓人永生難忘。

↓ 至今仍住在野生國家公園內的馬賽族，過著原始的生活，鑽木取火，畜牧打獵，自給自足，完全不羨慕公園外的花花世界。

阿布岱爾國家公園
扭轉命運的樹頂飯店,住樹屋看動物!

阿布岱爾國家公園介紹

　　阿布岱爾國家公園(Aberdare National Park)位於肯亞首都奈洛比以北 100 公里處,位於肯亞國土的正中心位置,它的面積並不大,總面積不到 800 平方公里,與其他國家公園相比規模算很小,但它卻是一個高海拔的國家公園,主要用意是為了保護阿布岱爾山脈山區的原始森林、峽谷和瀑布。這個山區是座死火山,景觀有別於其他國家公園,山路崎嶇、風景如畫,而且有機會可以見到非洲象、犀牛、花豹、邦戈羚羊及各種鳥類;阿布岱爾國家公園也是肯亞第二大黑犀牛的家園,有趣的是,為了保護瀕臨絕種的邦戈羚羊,肯亞政府把阿布岱爾國家公園內的獅群,全都遷移到其他的國家公園內生活。

國家公園內的特殊飯店

　　在阿布岱爾國家公園區有好幾個露營地,但位於國家內,就只有「樹頂飯店」(Treetops)和「方舟飯店」(Ark)這兩間飯店,除了提供旅客最好的住宿環境,還都提供了極佳的夜間野生動物觀賞環境,遊客可以在飯店內觀察到各種動物的生態。

　　除了大象、非洲水牛、犀牛和鬣狗(Hyena)等,還能看見不少的夜行性動物,因為飯店的客房和觀景休息室可以俯瞰前方的大水潭,動物們在早晚都會到水池喝水,所以遊客可以輕鬆又方便地觀賞野生動物。

飯店提供的獵遊活動，就算只有我們一家三口參加，仍是派出專業嚮導開車，乘坐專門的獵遊車進入國家公園參觀。

才剛出發，就看見《動物星球》頻道上才看得到的斑點鬣狗，覺得好興奮啊！

原來非洲水牛長這樣，而且還是非洲五霸之一，雖然看似憨厚溫和，但仍是不可小覷牠的威力。

疣豬長相超討喜，是卡通裡的常客，看見牠的時候，連小饅頭都笑出來了～在這裡看到的動物雖然不多，但是已經讓人好滿足。

扭轉一生命運的樹頂飯店

　　樹頂飯店位於阿布岱爾國家公園內，原本平凡無奇的飯店，因為「上樹是公主，下樹變女王」的故事，搖身一變，成了肯亞最昂貴的飯店之一。

上樹是公主，下樹變女王

　　這是關於伊莉莎白公主一夕變成女王的傳說，是發生在 1952 年的 2 月 5 日真實的歷史事件，當時英國的伊莉莎白公主到殖民地肯亞旅遊，那晚夜宿在樹頂飯店內，半夜突然傳來消息，她的父親喬治六世驟然辭世，英國王室隨即宣布伊莉莎白公主繼位為女王。第二天清晨，伊莉莎白公主趕回倫敦，在西敏寺舉行加冕典禮，正式成為了「伊莉莎白女王」直到現在。

　　樹頂飯店從此聲名大噪，「公主變女王」讓人們認為來此過夜會帶來不平凡的一生，這間飯店因此水漲船高，本來再平凡不過的偏遠飯店，如今卻

↑ 不能徒步進入的樹頂飯店，高架於地面，外牆貼滿了樹皮，外觀完全不像是豪華大飯店，反而與大自然融合為一體。

↑ 底下有大原木支撐，下方可以讓動物們自由穿越，也能讓花草樹木在其間穿越生長，甚至蔓生到飯店內部，營造出原始的氛圍。

被評為是「世界上最童話夢幻的酒店」之一。那一晚，除了伊莉莎白被改變命運，樹頂飯店也改變了命運。

如今一房難求的樹頂飯店

當時的「樹頂飯店」真的蓋在樹上，由幾棵大樹支撐，樹上僅有三間臥房、一間餐廳和一個狩獵室。如今的飯店則是 1957 年重建而成，不再是蓋在樹上，而是以許多大原木支撐，高架於地面，外牆貼滿樹皮，讓底下許多樹木穿越，蔓生在旅館內部，營造的氛圍仍是與大自然融合為一體。

現在若要在動物大遷徙的旅遊旺季（7～8 月）入住，至少要在半年前預訂，因為老飯店房間數不多，來晚一步，求也求不到一間房！其實飯店既老舊，設備又不先進，也當然沒有電梯，卻想花大錢來住都住不到，果然都是慕「名」而來。

↑ 這兩棵樹不斷的生長，樹枝穿越進入飯店房間，再貫穿出天井在這長廊交會，飯店只有稍微修剪，並未加以限制生長。

↑ 房間就很歐洲風情了，標準的飯店規格，床鋪又大又舒服，躺在上頭讓人好矛盾，到底要好好睡一覺呢？還是半夜起來看動物？

住進飯店，在樹上看動物

　　要住樹頂飯店，網路上看到的資訊，都是要先到一個「OUTSPAN」的中轉酒店辦理手續及用餐，原因在於樹頂飯店太老舊而且太小，由於結構因素，入住人數有嚴格限制，而且也不開放讓大行李進去，所有大行李都要放在這裡，只帶一晚的換洗衣物入住。不過若非大型旅行團入住，可以直接把行李一起帶進去，但是一到樹頂飯店就必須上樹，不能在外逗留，在樹下的都是荷槍實彈的工作人員，在周遭四處觀察有無危險狀況發生。

　　飯店並不豪華，但保持著原來的面貌就是它的特色，這棟建築架高在幾十根粗大的樹幹上，離地大約十多公尺，是為了讓野生動物可以自由穿梭其下，所以才不讓房客下樓，以免被野生動物襲擊。飯店前後都建造了大水池，並在地上灑鹽，以吸引附近的野生動物前來喝水、洗澡、舔鹽，而住宿的旅客只要在樓上的觀景台，就能近距離觀看到牠們。待在房間裡喝茶，臨著房間內的觀景窗也能欣賞動物，不用出房門。

↟ 二樓的餐廳位置，沙發皆面對著窗戶，讓大家在此休息喝茶的同時，能一邊欣賞動物們的風采。

↟ 就是這個池子！用點巧思，就能讓動物自動送上門，讓大家在飯店內可以盡情地觀賞動物，人類的智慧果然還是略勝一籌啊！

貼心的夜晚提示響鈴

　　住在這裡有項貼心有趣的服務，每個房間都有設置一個開關，晚上睡覺時，如果打開開關，就表示想要在半夜被呼喚，提醒有動物靠近該起床了，若是有動物前來喝水時，就會有工作人員按鈴通知大家，響一聲是鬣狗及其他小型動物，兩聲是花豹，三聲是犀牛，四聲則是大象，依體型大小而安排。許多白天不容易見到的動物，都能在此時欣賞到，日夜都能看見野生動物，真的很有趣。當然，如果不想看動物的，就關掉開關好好睡覺吧！

　　旅館大廳有一本觀察日誌，上面記錄了遊客在此看到的動物的種類和數量，仔細瀏覽會發現每天都有不少人在此作記錄，甚至還可以看見十幾年前的觀察紀錄，這間飯店連觀察日誌都非常有歷史感啊！

　　住在這裡也可以參加飯店的活動，其中最多人參與的，就是由帶槍的獵人帶領，陪同旅客徒步走進國家公園內觀看動物的行程「徒步獵遊」，一次大約一小時，一人美金 10 元；比較輕鬆方便，適合一家大小參與的「吉普車獵遊」，搭乘吉普車進入國家公園，可以逛得比較遠，看到的動物比較多元，一次大約兩小時，一人美金 20 元，小孩不收費。

1. 阿布岱爾國家公園的開放時間為每天上午 6:00 至下午 7:00，禁止步行，在下午 6:15 過後，遊客就不許進去公園內，避免天黑還無法到達飯店。
2. 阿布岱爾國家公園內的飯店即使價格昂貴，還是一房難求，盡量在 6～9 個月前就要先預訂，以免向隅。
3. 飯店參考價格：淡季一晚美金 210～250 元，旺季一晚美金 330～400 元。

↑ 飯店大廳有一本觀察日誌，上面記錄了遊客在此看到的動物種類和數量，仔細翻閱會發現每天都有不少人在此紀錄呢！

↑ 大水池的距離就是這麼近，就算沒有長鏡頭，也能捕捉到精彩的動物畫面。

↑ 半夜果然有訪客到來，是隻單獨前來喝水的大象，還在樓下叫了幾聲。

↖ 早餐的位置，也是安排在窗邊，邊用餐就能邊看著窗外的動物，來到這飯店，就是要讓你盡情看動物看到飽。

納庫魯湖國家公園
非洲遊湖目擊魚鷹狩獵

美麗的野生動物天堂

納庫魯湖國家公園位於肯亞西北方的高海拔地區，受到東非大裂谷的地形影響，形成了許多湖泊，納庫魯湖（Lake Nakuru）是肯亞境內最著名的湖泊，因為它占地極廣，寬達 65 公里，也是全非洲第一個野生鳥類的保護區，是來到肯亞觀鳥、踏青、野餐及觀賞野生動物的理想選擇。

在這個國家公園內，擁有非洲五霸之中的四霸，除了大象外，其餘的大型野生動物多數都能觀賞得到，尤其是罕見的黑白犀牛，在這裡可以輕易邂逅，河馬群也是十分容易捕捉到畫面。因為清晨常籠罩著大霧，湖面變得朦朧，太陽從水平面升起，映照著周圍的黃熱病樹，這景觀絕美。

納庫魯湖湖面迷濛，看起來如夢似幻，是肯亞境內占地最廣、野生鳥類及河馬犀牛最多的野生動物保護區。

↟一進入納庫魯湖國家公園內,就巧遇獅子睡在路旁,不小心把牠吵醒後,卻也沒生氣,傻楞楞的看著大家,應該是沒睡醒吧?

↟就是這樣近的距離在觀看獅子,非常不真實,卻也是納庫魯湖國家公園的日常。

鳥去人空——觀鳥天堂沒落

納庫魯湖國家公園最大的特色，就是在於其湖水的鹼性相當高，鳥類及動物的排泄物，供養出豐富的藻類，是紅鶴（Flamingo，火烈鳥）及其他鳥類的主要食物，因此這裡常聚集了成千上萬隻的火烈鳥，變成最佳的賞鳥景點。

電影《遠離非洲》（Out Of Africa）便是在此地拍攝，電影中有一幕場景，當小飛機拉升飛起時，數百萬隻的火烈鳥從後方驚起飛舞，那一幕壯觀的景致，讓許多人討論其地點，印象深刻！

只可惜近年來因為氣候的轉變，湖水水位變化大，加上汙染和乾旱破壞了納庫魯湖，火烈鳥賴以生存的藍綠藻大量消失，因此火烈鳥被迫改往其他的湖泊覓食，當時的電影場景已不復存在。不過這裡仍然有其他的鳥類棲息著，尤其是巨大的鳥類，如鵜鶘（pelican），便是成群的在此地棲息，因此雖然沒有火烈鳥可看，也有不少可愛可親的動物可以窺探。

↑ 穿上救生衣，我們要去遊湖囉！

↑ 飛鳥就在眼前，拿起相機連拍，希望能夠捕捉鳥兒點水的瞬間。

↑ 由於各種大型鳥類眾多，加上英文欠佳，嚮導說了再多，我也是記不住牠到底是何方神聖。

↑ 這種鳥類在非洲十分常見，所以我知道牠的大名是灰冠鶴（Grey Crowned Crane）。

↑ 鵜鶘也就是送子鳥，小饅頭的繪本裡有出現過，所以很有親切感，牠看似笨拙但動作敏捷，是個捕魚高手呢！

↑ 這樹上密密麻麻的，全都是鳥啊！看起來怪嚇人的，萬一全撲過來，那就不好玩了。

目擊魚鷹狩獵瞬間，果然快狠準

　　我們乘船出遊，船夫準備了一個冰櫃一起上船，原本還想著，該不會是要在湖中浪漫的野餐吧？沒想到，一切都是我想太多，原來冰櫃裡裝的是魚，正好奇這些魚到底要做什麼時，船夫問我相機準備好了嗎？他要開始了。原來這些魚都是要引誘老鷹前來的，船夫會把魚高高舉起，然後對著遠處的老鷹吹聲口哨，接著就把魚用力拋出去，說時遲那時快，就在魚要掉進湖裡的瞬間，老鷹咻的飛過來，然後輕輕鬆鬆的叼走即將掉進湖裡的魚，真是太精彩了，簡直是表演特技，但這卻是老鷹的日常。

↑ 終於！終於！終於！來賓掌聲鼓勵一下，我終於拍到捕魚畫面了！真的得來不易啊！拭淚。

　　我因為看得太專心，根本沒拍好，加上老鷹的速度之快，也不是我這笨手笨腳的村婦能捕捉得到的，所以船夫又再度把魚拋出，連續讓老鷹「表演」了數次，於是這天，我拍到了好照片，而老鷹也吃到飽了。我想最委屈的應該是船夫，拋魚拋到手都痠了吧！

↟河馬看似可愛，但就是只能遠觀，不可褻玩焉。

別小覷河馬，牠可是湖上最大危機

　　河馬悠哉的在湖裡泡水，看似溫馴憨厚，但萬萬不可靠近，只能遠遠觀望拍攝。因為河馬的脾氣暴躁，地域性非常強，動起來速度也是極為驚人，如果認為自己的領域遭受到侵犯，隨時會卯起來攻擊的，牠的噸位重、力量又大，咬合能力也很驚人，就算跟鱷魚對打，或是跟獅子打架，也都毫不遜色，所以被視為湖上的最大危機，非洲最能致人於命的野生動物之一。

　　但一般來說，河馬不會無緣無故靠近船隻，因此也不用過度緊張，遇見河馬群時，只要離遠一點，低調安靜地路過就好，不要做些引起注意的事，就不會造成誤會。

柏哥利亞湖
千萬火烈鳥幻化成粉紅地毯

地球上最壯觀的鳥類棲息地

柏哥利亞湖是非洲肯亞知名的湖泊之一，地點位於首都奈洛比的西北方，東非大裂谷區的邊緣，它是個碳酸鈣湖，而不是淡水湖，面積大約有30平方公里，是非洲許多鳥類和野生動物的棲息地，來到這裡可以看到水牛、斑馬、疣豬（Warthog）、羚羊等，最令人期待的，就是春夏時節會飛過來此處棲息及覓食的火烈鳥（紅鶴）了。

由於柏哥利亞湖附近的火山活動頻繁，湖岸邊有許多處的間歇泉和地熱泉，大多數都達沸點，蒸氣很多，可以輕易將蛋在短時間內煮熟，不過當地並不時興這種旅遊趣味，所以我們沒有親身嘗試。柏哥利亞湖中有很多的藍綠藻和矽藻，在陽光不同時段的照射下，湖面便會呈現出不同的顏色，例如黃色、粉紅色、紫紅色等，若非親眼所見，很難相信這等的神奇景象，不禁讓人嘖嘖稱奇。

也因為這些藻類的存在，提供了火烈鳥生存的條件，在納庫魯湖水位不斷上升，破壞了湖水酸鹼值的平衡後，這些火烈鳥便紛紛轉往柏哥利亞湖棲息，因此這幾年在納庫魯湖已不復見火烈鳥成群棲息的畫面，取而代之的，便是柏哥利亞湖了。

火烈鳥的數量實在驚人，據說有超過兩百萬的火烈鳥會到此過境棲息，整片湖面全是密密麻麻的火烈鳥，就像一片粉紅地毯般。

➡ 這些火烈鳥，有的不停地洗澡整理羽毛，有的則是不斷飛翔，還有些在尋覓湖裡的食物。

百萬火烈鳥遷徙，瞬間變成粉色海洋

　　火烈鳥就是一般我們俗稱的紅鶴，牠們主要靠濾食藻類和浮游生物為生，牠們是群居的動物，在春夏之際，成千上萬的火烈鳥會到此聚集棲息，場面非常壯觀，因為火烈鳥的羽毛顏色會將湖面染成整片的粉紅色，湖面就會像一整片櫻花紛落的夢幻大地，或是緋紅地毯般的美麗動人，這動人的畫面被許多專業攝影師拍下後，傳送到外界，成為世界上最令人驚嘆的自然奇觀之一。

　　這裡是肯亞獵遊行程之中，唯一可以走出車子的行程，因為湖畔這一帶，十分空曠，周圍沒有獅子、花豹等猛獸需要擔心，所以可以採步行的方式靠近湖邊，邊走邊觀賞。即使如此美麗，在現場觀看的當下，也不免被這些火烈鳥嚇到，因為牠們的數量實在太過龐大，成群飛鳴的鳥囀並不悅耳，甚至像是大夥兒意見不合吵吵鬧鬧的喧雜。

　　一會兒一起開心散步，步伐整齊的像是在行軍般的可愛；一會兒又吵到分道揚鑣，索性飛離隊伍，到一邊涼快去，但飛翔時的羽毛漫天飛舞，整片天空飄散著羽毛雨，嚇得我趕緊去戴上口罩，以免過敏氣喘發作。但事後回家整理照片時，當下拍

↑ 這麼特別的景象，當然要全家在此合影一張留作紀念。

攝的每張照片都美麗到難以取捨，張張都讓人震撼感動，也不枉大夥兒千里迢迢帶著大單眼及長鏡頭到非洲了。

↑ 只要一有風吹草動，火烈鳥就會群體飛起，然後飛往另一處聚集。

↑ 這麼大隻的火烈鳥，還以為會比較笨拙，沒想到飛起來的樣子卻十分優雅。

觀看火烈鳥須知

　　火烈鳥是很害羞的鳥類，只要一有風吹草動，就會一起狂飛亂舞，聚集到別處，所以下車觀賞時，最重要的就是要保持安靜冷靜，步調放輕放慢，如果想接近湖邊拍照，一定要慢慢的輕輕的走過去，動作不要太大太快，以免驚嚇到紅鶴。

　　另外，湖邊一帶的溼地，車子是無法靠近的，必須自行下車再徒步靠近，因為泥土溼滑，加上滿地都是火烈鳥的糞便及脫落的羽毛，因此只要一下

車，鞋子一落地，就會沾滿爛泥及火烈鳥的排泄物，能穿著雨鞋是最安全又方便的，否則鞋子全毀的機率很高。

　　不過即使如此不便，來到這裡很快就會被眼前壯觀的景象轉移注意力了，往湖面看去，成千上萬的火烈鳥就這樣布滿整個湖面，天空中也布滿成群飛舞的鶴群，畫面美得讓人驚嘆；火烈鳥的位置也還是有一定的距離，牠們會一列一列的排排站好，動作也十分統一，低著頭專心覓食，彼此間隔距離取得很好，不會相撞，也不會靠太近或是離太遠，感覺就像是在跳大會操或是啦啦隊舞蹈表演，非常整齊劃一，真是太神奇有趣了。

奈瓦夏湖

住進藍色小精靈的蘑菇屋，尋找長頸鹿

河馬重要棲息地

奈瓦夏湖（Lake Naivasha）是肯亞中部的湖泊，屬東非大裂谷區的淡水湖之一，湖周圍是面積 64 平方公里的沼澤，平均水深 6 米以上，是河馬和四百多種鳥類的重要棲息地。雖然奈瓦夏湖沒有出水口，但湖水卻十分清澈清新，湖裡有好幾種的羅非魚和黑鱸魚，湖面及樹上也棲息著許多的鳥類，是當地居民週末度假時，前來釣魚觀鳥的好去處。

住進童話故事裡的森林蘑菇屋

雖然我們無法撒大錢住豪華大飯店，但選擇一些別具特色的莊園，也是挺不賴的，例如超夢幻的奈瓦夏湖莊園（Lake Naivasha Sopa Lodge），位在奈瓦夏湖畔旁，是由一幢幢的森林小屋所組成，放眼望去的蘑菇屋群，很是可愛，童話般的建築物，像極了藍色小精靈的家啊！

在這裡的每間房間都是獨立的小屋，由於整個奈瓦夏湖邊都是開放的，因此出了屋子，在林子裡有可能會邂逅斑馬、水羚羊、水鹿及長頸鹿，能近距離接觸這些可愛的野生動物，非常讓人期待，來到肯亞旅行，絕對要把這裡排進行程裡，不要錯過這難得的住宿體驗。

只不過這個湖區也是河馬的家，晚上還可能會撞見河馬游上岸覓食，所以住進這裡之後，飯店人員會三令五申的告誡大家，黃昏之後就不能自行外

出，不管要去大廳還是做任何活動，一定要打電話到櫃檯，飯店人員會請警衛陪同，絕對不可以擅自行動，以免發生危險。聽到這些話，真是讓人既期待又怕受傷害啊！

↟ 像極了童話故事裡的蘑菇村，建築在這片通往奈瓦夏湖的林子裡，完全無違和感。

↟ 在這裡的每間房間都是獨立的小屋，上下兩層樓各一間客房，一樓是整片的落地窗房型，二樓則是有露天陽臺的設計。

↟ 從陽臺望出去的這片草地，不時會有斑馬、水羚羊和長頸鹿過來散步，也能感受到獵遊的樂趣。

↑ 左前方這棟小屋子，就是我們的房間。

↑ 草地旁建有步道，可以直通奈瓦夏湖畔，如果時間尚早，非常推薦散步到湖畔，因為奈瓦夏湖的湖景非常美麗，夕陽剪影也讓人沉醉不已。

豪華寬敞空間，飯店等級享受

從大門口進入莊園後，走入步道，穿過這些特別的樹木，就會看見前方的建築群及大廳。這個大廳是環形的設計，晚上會點起爐火，餐廳就位在大廳旁，晚上的餐點是現做的義大利麵，以及小饅頭最愛的現烤薄餅，另外還有自助式的其他料理及甜點，可以吃得盡興滿足。晚上因為昏暗，屋內燈光照明也不多，因此桌上都點上了蠟燭，格外有情調。用餐時，身旁還會有傳統舞蹈的表演，也會帶著小朋友一同唱唱跳跳，氣氛營造的十分熱鬧歡愉。

在主建築屋裡辦妥入住手續後，會有飯店人員協助帶往房間休息。我們的小屋離園區大門口很近，所以相對來說，就離湖邊比較遠，聽飯店人員說，有帶孩子的都會這麼安排，是安全因素考量。

房間很寬敞，連窗戶都十分貼心的做好做滿，整片的落地窗設計，做滿一整面牆，從屋內望出去，視野非常寬闊，讓人心情好愉悅啊！房間外的空地，整片的草地上頭偶爾會有過來散步的斑馬、水羚羊和長頸鹿，雖是溫和的草食性動物，卻也還是要保持一定的安全距離，而且不要開心地喧嘩吵鬧，以免驚嚇到牠們，反而造成危險。

每間小屋的二樓都有露天陽臺，待在陽臺上，就能看見不遠處的動物們，以及遠方樹林深處的奈瓦夏湖，所以我們一放好行李，就等不及要出門遛達，在這附近散散步，希望能與動物們來個意外的邂逅。

↟ 飯店大廳是環形的設計，湖區夜晚溫度下降的很快，因此晚上會點起爐火，讓整個屋子都暖呼呼的。

◀ 用餐期間，
飯店安排了
傳統舞蹈的
歌舞表演，也
會帶著大家
一同唱和，氣
氛營造的十
分熱鬧歡愉。

距離奈瓦夏湖畔，走路三分鐘

　　草地旁建有步道，可以直通奈瓦夏湖畔，當天色開始昏暗時，飯店人員就會開始巡邏，邊提醒著遊客要離開湖邊，返回建築區附近，不要在湖邊逗留。雖然黃昏時的奈瓦夏湖非常美麗，夕陽剪影也讓人沉醉，但仍是會害怕與上岸覓食棲息的動物們不期而遇。

　　奈瓦夏湖以多樣的鳥類著稱，飯店裡有一本紀錄簿，上頭有遊客留下的各種見聞，翻閱了一下，發現竟然有人在這裡看見數十種的鳥類，還有與長頸鹿的親密合照，只可惜後來開始下雨，動物們都躲起來了，無緣相會。

　　渡假村有自己的私人碼頭，也有遊湖的行程可以參加，想要用不同的方式來領略奈瓦夏湖的美麗，可以參考這些行程規劃；若是不想參加飯店的套裝行程，鄰近的碼頭也有一些旅遊公司，有提供不同類型的遊湖行程可以做參考。

住宿資訊
奈瓦夏湖莊園 Lake Naivasha Sopa Lodge
地址：Peponi Plaza, Peponi Road, 00200 Nairobi, Kenya
電話：+254-20-3750235、+254-20-3616000
Email：reservations@sopalodges.co.ke、conference@sopalodges.com
網址：www.sopalodges.com/lake-naivasha-sopa-lodge/overview

↑長頸鹿是這片草地上最美麗優雅的身影啊！

↑ 在奈瓦夏湖畔，也能看見遠處的長頸鹿呢！

與動物們近距離接觸，須保持安全距離

　　因為這一帶是河馬棲息地，所以晚上河馬會上岸覓食及棲息，且河馬是危險性較高的動物，因此傍晚過後，飯店就會禁止房客私自行動，只要是要踏出房門，就必須致電到櫃檯，由飯店人員安排警衛陪同行動。而各棟小屋附近，也有全天候荷槍的保安人員在巡邏，深怕遊客會跟野生動物撞個正著。

　　那晚我們用完晚餐後，整個園區一片漆黑，飯店人員拿著手電筒與大木棍，帶著我們走回房間，其間不時傳來一些咕嚕嚕的聲響，原來這就是河馬的叫聲啊！果然警衛的手電筒隨手往草叢一照，河馬立刻現形，看見牠在吃草，實在太驚奇了！當天晚上就在河馬的聲響中沉沉入睡。

　　前些日子在這裡曾發生河馬攻擊遊客的事件，因為遊客距離河馬太近，加上一群專業攝影師，長長的攝影鏡頭就對準著河馬猛拍，因此才引來河馬的不悅攻擊。河馬從河裡竄出狂奔的速度可是很快的，千萬別以貌取人，體型雖笨重卻靈活，千萬不可掉以輕心，保持安全距離為上策。

➡ 河馬平時都泡在水裡，不會主動攻擊，只要保持安全距離，不要刻意去引起注意，就不會發生危險。

馬賽馬拉國家公園

大自然的弱肉強食血淋淋呈現在眼前

馬賽馬拉動物保護區

　　如果說肯亞是野生動物的快樂天堂，那麼馬賽馬拉國家野生動物保護區（Masai Mara National Reserve），應該就是香格里拉了。

　　因為這裡住了幾十萬頭的斑馬和牛羚，還有成群的大象、長頸鹿和稀有珍貴的犀牛，牠們自由自在地生活在這大草原上，這裡沒有任何人為的痕跡，沒有道路設施、沒有路燈電線，當然更沒有方向指標，放眼望去，就是一座又一座高低起伏的大草原，一切都顯得原始而純淨，寧靜又祥和，看著如此遼闊的景象，心想如果有天堂，大概就是這幅景象吧！

　　馬賽馬拉更是能一次就蒐集到難得一見的非洲五霸的最佳地點，不論是非洲水牛，還是整天懶洋洋的非洲獅，或是大家族一起行動的非洲象以及總是出其不意的非洲花豹，都能在嚮導的相互通風報信之下，讓我們近距離去窺探牠們的樣貌。有次突然與黑犀牛在草原上狹路相逢，我們立刻就停車定住了，保持安靜，看看黑犀牛想往哪邊走，先順著牠，讓牠老大先決定。沒想到黑犀牛停下來了，空氣突然凝結了十幾秒，接著居然瞬間加速往我們這邊衝刺，感覺是要來個一較高下啊！嚇的我們根本來不及把車掉頭，直接倒車快速離開，黑犀牛追了一小段路才轉方向。當下親身驗證了犀牛的暴躁易怒，下次再也不敢驚擾到牠們了。

⬆ 長頸鹿永遠都是最美的畫面，出現時總是吸睛。

⬆ 鴕鳥媽媽正保護著她的鴕鳥蛋，看見我們經過，眼睛一直盯著瞧，深怕我們靠近。

⬆ 乘坐熱氣球獵遊，是以另一種視野來欣賞馬賽馬拉的方式，而熱氣球下方的動物們，頓時都變成了大螞蟻，感覺好特別啊！

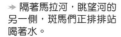
➡ 隔著馬拉河，眺望河的另一側，斑馬們正排排站喝著水。

↑ 獵遊活動就是這樣進行著，遊走在草原上，拿著望遠鏡頭對準路旁經過的動物們。

← 獵遊大部分的時候，都要戴上口罩，因為草原上塵土飛揚，若是不戴口罩，每個人都會灰頭土臉。

↑ 霸氣的獅王，身旁有兩位妃子隨侍在側。

↑ 大象媽媽帶著小象們來喝水囉！其中一隻小象還沒六個月大，象牙都還沒長出來呢！

↑ 這兩隻獅子兄弟正享受著牠們的排餐，完全無視於從旁經過的我們。

↑ 而旁邊樹上，禿鷹們已經做好準備了，隨時飛下來接收剩下的餐點。

↑ 一輪又一輪，不用擔心到處橫屍遍野，因為總會有清潔大隊會清乾淨。

獵遊時間配合動物的作息

　　由於動物們都是在清晨及黃昏時分行動的，所以獵遊的時間也是分段的，清晨出發，中午回來用餐休息，到了下午再度出發，接近傍晚時，才準備回來。因此獵遊的氣溫都是舒適愜意的，一點也不悶熱，動物們當然也會比較積極地出來覓食及活動。

　　有時會看見遠方的樹上聚集一大群禿鷹，嚮導說，應該有動物被獅子獵殺了，獅群正在享用美味大餐，而禿鷹們正在等待清理菜渣；如果看見一大群的蹬羚、斑馬或牛羚們，開始在樹叢間成群地奔跑，就可以猜想，草叢間或許伺伏著一隻花豹，正準備要開始追逐牠的獵物們；馬拉河看似平靜，但拉長鏡頭一瞧，河裡其實藏著無數條的鱷魚，還有沒入水面下的河馬群，難怪斑馬、牛羚渡河需要掙扎這麼久了；在岩石上看見隻小獅子在打呵欠，覺得超可愛，讓人想要再靠近一點觀察牠，但別高興得太早，小獅子是不會單獨行動的，果然在大岩石的後方，躺著兩隻好大的母獅啊！千萬別輕舉妄動。

◄ 獵豹總是這麼優雅，凝視著遠方，看起來氣質無限，但可能只是在尋找獵物，所以不宜有任何風吹草動而已。

➔ 如果沒有留意，不會發現這隻躲在草叢裡的獵豹，所以當斑馬或羚羊經過時，也來不及跑掉了。

↑ 小河馬不知為何，一直仰天長嘯，吼聲超大，實在太可愛了。

↑ 小獅子雖可愛，但不能掉以輕心，因為獅子媽媽一定就在附近徘徊。

↑ 在河岸舒舒服服曬太陽的鱷魚，沒仔細看還沒留意到牠的存在啊！

馬賽馬拉大草原上，最多的動物就是牛羚了。每次發現動物時，司機第一個呼喊小饅頭，要她看窗外的動物，第一次發現牛羚時叫她，小饅頭開心的拿起相機拍照，第二次叫她，她說乾脆來拍影片吧！第三四次叫她，就開始只是盯著看，等到第五六次叫她時，不論司機呼喚多殷勤，小饅頭連頭都沒有抬起來，自顧自地吃著餅乾，讓司機覺得好笑。足見這裡的牛羚有多少，司機說獅子每天都吃到飽啊！

大草原上最多的，就是牛羚了，有牠們在，
獅子家族簡直每天都能開心吃到飽啊！

旅程中的靈魂人物

在獵遊行程裡，百分百得靠司機的能力。好的司機兼導遊，可以帶領你認識當地文化及野生動物；如果司機不熟悉野生公園的地形狀況，不擅長追蹤野生動物，那就只是來公園練車了。沒有經驗的導遊司機，只會在主要道路上開車，依照其他司機無線電提供的資訊來尋找動物，或是遠遠看到哪邊有車子聚集，就趕緊跟風擠進去瞧瞧。

經驗老道，擅長追蹤野生動物的導遊司機，根本不用走既定路線，也能找到方向離開，就算是些雜草叢生幾乎掩蓋前方視野的地方，司機也能鑽出一條祕徑，從不同方向不同高度窺探到動物的蹤影。

有次開車開到一半，司機突然停下來，拿起他的望遠鏡往外瞧，然後說：是花豹。小饅頭立刻問：在哪裡？司機說：就在左前方，翻過這個山坡的後方，再更前面的第二棵樹上。我的天！這是什麼雷達系統！居然可以感受到、看到幾百公尺外的一棵樹上的花豹！我完全不敢相信這種能力，除非牠真的是花豹。

我們偷偷的從另一邊開過去，開上小山坡，再往下繼續開，繞到樹的後方。司機說：保持安靜，然後抬頭望。小饅頭用氣音說：到底在哪裡？司機也用氣音回答：就在妳的頭頂。

果然，從我們獵遊車的正上方天窗看出去，花豹就在上頭喘著氣！距離也太近了，我們離牠不到三公尺啊，這一往下跳，一定是跳進車子裡的。司機說，花豹不會無故跑上陌生的獵遊車，牠也是會觀察狀況評估的，所以保持安靜不驚擾牠的話，就不用太擔心。

↑ 這隻位於我們頭頂上方的大花豹，就這樣任由我們盯著他看老半天，沒有生氣也沒有跑掉，第一次這麼近距離接觸花豹，好難忘。

我們就盡情地在花豹面前猛拍照猛錄影，然後再依依不捨的道再見。接連好幾次，不論是白犀牛、黑犀牛、花豹、獵豹、鬣狗等兇殘的猛獸，還是狷羚、蹬羚、水鹿、大耳狐及各種繽紛的大型鳥類，全都逃不過我們司機的法眼，隨便手一指，就讓我們一家三口全都拿起相機，讚嘆他的神通廣大。

我問司機，肯亞人的視力怎麼都這麼好？我還真沒見過戴眼鏡的肯亞人。他不疾不徐地回答我說，那是因為我們不會一直滑手機，我們都看大自然。獵遊車上是有 Wi-Fi 的，所以如果想在馬賽馬拉草原上直播獅子獵食秀，是可以辦到的，不過司機說，來到大草原，就忘掉網路與手機這件事吧！全心全意的感受這裡的美好更重要啊！不能同意的更多了。

↑ 不管馬拉河岸有多高，還是得勇敢地跳下河，這就是求生存的勇氣。

↑ 不知道大遷徙的牛羚數量到底有多少，只知道塵土飛揚到完全看不到牠們。

動物大遷徙

　　大自然的演化就是如此奇妙，在東非的馬賽馬拉和賽倫蓋提大草原上，每年都要進行一場周而復始的遷徙活動（The Great Migration），大約每年的 6 ～ 9 月間，牛羚和斑馬為了新鮮的牧草，必須往北遷徙，千里跋涉，從坦尚尼亞的賽倫蓋提大草原來到馬拉河，繼續北往馬賽馬拉國家保護區，來尋找鮮嫩水草進食。

　　這些數以百萬計的草食動物，分批遷徙渡河。牠們會從約兩層樓高的陡峭馬拉河岸，瞬間俯衝下來，渡過寬約十公尺的馬拉河，再攀爬上岸。但並非游水渡河如此簡單，河裡有著無數的鱷魚正在一旁虎視眈眈，過程當中不斷上演著自然界的物競天擇、生存保衛戰以及弱肉強食的場景，這就是動物大遷徙，因此此時也成為肯亞生態旅遊的旺季。

　　為了見證這一幕，我們已經等候多日，直到這天，無線電裡傳來，發現有數以萬計的牛羚開始聚集，排隊的盛況與南投紫南宮的人龍無異。因此大家都覺得，應該就是今天了，興奮地往馬拉河前去。果真看見無數的牛羚正往馬拉河畔過來，沒看見牛羚身影，遠遠就看見黃沙滾滾，整片都是沙塵，

↑ 經歷過渡河過程的艱辛後，上岸的牛羚們看起來都精疲力盡了。

就像戰爭片一般，後來再次發現時，已數不清是幾萬、幾十萬，還是上百萬隻了。只感覺這過河行動，足足過了一個多小時，牛羚都還沒全過完，真是太讓人震撼驚奇了。

這些草食性的動物為了生存，就得面對水中及岸邊各種肉食性動物的殺戮，這大自然的食物鏈生態，我們只能是旁觀者，無力改變什麼，帶著小饅頭只能透過導遊司機的說明，靜靜感受每一分每一秒的生死演變。

↑ 已經過了一個多小時，遷徙過程都還沒結束，足見牛羚的數量有多驚人。

馬賽馬拉草原上的溫暖

因為在野生國家公園內，是沒有真正的道路的，甚至很多時候是開在陡峭的山坡上、深淺不一的山溝裡，道路狀況比較不好的時候，車子也許會遇到問題，卡在半路動彈不得，這時如果天黑還出不去，那就危險了。因此肯亞的司機導遊們，人人都配戴著無線電系統，當車子出現狀況時，附近的其他車輛，就會趕緊過來協助，大夥兒互相幫助，似乎在這裡是再自然不過的事，一車拉一車，大家一起同心協力離開。當司機們在想辦法救援時，就是車上獵遊旅客的交流時間了。我們遇到另一車的年輕旅客們，他們是網路上號召成團的，藉由網路平台找到志同道合的旅伴，然後一起平攤一台獵遊車的費用，果然是很聰明的做法啊！當他們聽到，我們一家人坐一台可坐上九個人的獵遊車，所以一人坐一排，都覺得好奢侈啊！如果我年輕個 20 歲，可能也會跟他們一樣的做法，但有了小孩，考量就不同了，只能跟錢不過去了，哭。（到底是誰說小孩會自己帶錢來的？）

↑ 草原上偶爾會發現這種情況，某條通道被堵住，等車子停下來後，會突然出現幾個人來索取過路費，這時候就需要靠經驗老道的司機去應變了。

↑ 其他的外國遊客正在教小饅頭，如何三秒變成動物。

非洲大草原露營初體驗

來去非洲草原上露營

一家三口的「首露」，竟然是在非洲！而且還一連露了好幾天。明明平常朋友邀約去露營時，都面有難色，嫌遠嫌熱嫌蟲子咬蚊子叮，從來都沒被說服動心過，這會兒第一次露營，便到非洲去了！

肯亞野生國家公園內不同的住宿選擇

肯亞政府為了觀光及經濟考量，將野生國家公園旁的部分土地，承租給歐美的財團們興建飯店，提供給來肯亞旅遊的各國遊客入住。一般一座野生國家公園內，會有兩到三間的豪華大飯店，自己發電、運送用水及食物，設備齊全，居住舒適，還有大泳池及 SPA 可以休閒，如果要玩得舒服一點，就是去住這類型的飯店。

大部分中港臺日韓的團客，被安排入住這類型的飯店，因為安全衛生，飲食也較為精緻美味，與原本的生活差距比較不大，但是住進這樣的飯店裡，比較感受不到身處動物天堂的感覺，人多也比較吵雜及商業化，這點我不太喜歡，當然價格高昂也是我無法下訂的原因之一。

但是除了那少數一兩間的飯店外，其他的就是各個大大小小、設備不一的營地，大部分歐美的遊客，尤其是家庭客群，大都會選擇這類的住宿，戶外空間較大，環境寬敞，視野開闊，比較輕鬆愜意，當然價格也相對親切。

不過營地的等級懸殊也很大，擔心衛生及飲食問題，也不想太過辛苦，我選擇了稍微高素質的營地，希望我的旅伴們也能夠開心入住。不過在網路上瀏覽觀望，畢竟與實際狀況有出入，所以挑選過後，我把幾間不錯的營地傳給當地的旅行社，請他協助評估哪間適合，這樣一來也比較安心。

↑ 說是露營地，睡得雖然是帳篷沒錯，但除了房間不在屋子裡，其餘的部分還是具有旅館的規模。

↑ 一連體驗了兩個地區的露營地，都是稍微中價的規模，所以住起來還算舒適，飲食也不用太擔心。

豪華露營地—設備也與飯店無差別

評價較高的帳篷營地，其實與飯店感覺無異，大都是有床可睡的帳篷，因為這裡的蚊蟲多到令人咋舌，除了帳蓬可以整個拉起來關緊外，睡床的蚊帳也是隨時都要拉上的，以免晚上睡覺時，被叮咬到不成人形。一個帳蓬就是一張大雙人床，兩人入住十分寬敞，我們一家三口，因為小孩六歲了，所以營地大都會幫我們加床，感覺也不算擁擠。但其實床真的很大，就算不加床，三個人一起睡也是剛剛好。

廁所在後方，有淋浴設備，不過營地的熱水有使用時間，必須配合營地的規範來使用，以免洗到一半變成冷水。這是因為野生國家公園要保有原始的樣貌，讓動物們安心生活，所以沒有鋪設道路、沒有電線、沒有接水管，更不會有電視及冷氣等現代化設備。

↑ 當初預訂時，寫著一家三口入住，因此露營地主動幫我們免費加床，好貼心。

↑ 露營地的熱水也有使用時間的限制，洗澡時要留意時間；若是擔心水的汙染問題，洗臉及漱口的水，可自行準備礦泉水來使用。

← 營地房間內的告示，要大家小心花豹，以及萬一真的遇上了該怎麼辦。

露營地都是自行發電，為了節電，也為了不影響大草原上動物的生態，所以有用電管制，營地的電力只供應晚上 18：00 ～ 22：00 之間，所以想要充電、洗澡、上廁所、娛樂及整理東西，就要動作加快，然後在 22：00 前就趕緊上床躺平，把蚊帳拉好，因為一旦突然斷電後，整個空間就是全然的黑暗，伸手不見五指，會覺得沒安全感，連上廁所都困難重重啊！但是晚上不開燈，一片漆黑，也不會引起動物的注意，反而是安全的。因為不供電，無事可做，所以大家都能睡飽飽，隔天精神奕奕的出門看動物，其實也蠻好的，只是手機、相機記得一到露營地就要馬上充電，趕在斷電前充飽電，這點比較需要留意。

　　最讓小饅頭無法忍耐的，是蚊子多到讓人手足無措，我們帳篷已經早早就拉上，而蚊帳也一直都是緊閉的，但是蚊子就是無孔不入，整個蚊帳上停了好多隻蚊子，一晚上可以抓個幾十隻，仍然抓不勝抓，小饅頭看著蚊子軍團一直哇哇叫！不過這樣的大自然環境裡，蚊蟲多是必然的結果，蚊子們一定也覺得莫名其妙，人類也太大驚小怪了啊！

↑ 露營地為了節電，所以有用電管制，回到營地後，所有的動作都要加快，以免突然斷電，措手不及。

↑ 雙人房就是這麼寬敞，床的上頭一定會有紗帳，記得要睡覺時，要把紗帳放下來拉緊，才能一夜好眠。

露營地互動多，可以與其他旅人交流

　　露營地的空間寬廣，大部分都有好大一片的園區，可以讓小朋友跑跑跳跳，還有樹屋可以上去玩扮家家酒，大一點的孩子，則可以在泳池游泳戲水，或是在岸邊做做日光浴。小饅頭有自己帶泳圈及泳衣來肯亞，但是當天雖然陽光普照，不過風吹來還是感覺冷颼颼的，這種天氣實在不太適合下水玩啊！加上身處非洲，泳池的生水要讓小孩碰觸到臉部，我還是有些卻步，考慮過後，還是沒有答應她的請求，讓她小小生氣了一會兒。

　　營區有提供下午茶及點心，若是玩累了、餓了，就可以喝杯茶或咖啡，休息一下。每個家庭都有小孩，小朋友之間似乎沒有語言的隔閡，不一會兒，就能打成一片，玩得不亦樂乎，小饅頭在這裡，也交到了一些好朋友，也是種寶貴的收穫。而營區最熱鬧的時候，是大家都回到營區的晚餐時光了，因為野生國家公園夜晚不能逗留，所以都必須回到住宿地。齊聚一堂的眾人一起欣賞著歌舞表演，一邊享用著餐點，氣氛很歡樂。

↑ 這個營區照片看似冷清，但晚上就熱鬧了，獵遊的旅客紛紛回籠，不僅有人下水玩耍，還有小朋友跑來跑去，玩著扮家家酒。

↑ 這個營區游泳池的占地大到好浮誇，居然這麼大一個，旁邊坐了不少做日光浴的旅客，享受著非洲冬季的日照。

提供獵遊行程，野餐樂趣多

傍晚時，司機帶我們出去獵遊。通常動物們出沒的時間，會在清晨及傍晚時分，所以這時候出門，最容易看見許多不常見的非洲動物，才出門繞了一圈，時間不過兩三個小時，就看見了十幾種的野生動物，連獅子都遇上不同的獅群，真的很幸運！

白天期間的獵遊，若是一整天的 Ssfari，露營地就會幫忙準備午餐盒，餐盒裡放的是不容易壞掉的食物，會有一大塊麵包、蘋果、香蕉、果汁，以及用錫箔紙包裹的烤雞。如果還在大草原上，就會在車上用餐，如果環境允許，我們就會下車找個樹下的草地，司機會鋪上野餐墊，讓我們席地而坐野餐，在非洲大草原上野餐，這滋味說不出的甜美啊！

當然也有遇到真的吃不下，或是吃不完的時候，因為有時只要兩個餐盒就餵飽我們一家三口了；於是我們會把小饅頭的餐盒，轉送給附近的農家小朋友，司機說他們應該都沒喝過這種鋁箔包裝的飲料，拿到會非常開心。剛好小饅頭只喝開水不喝飲料，所以可以直接送人，大家都開心。

➡ 這個小女孩是肯亞奈洛比人，跟著爸爸媽媽來馬賽馬拉獵遊，她和小饅頭變成了好朋友，每晚都在一起玩耍。

愛與傷痛的小象孤兒院

　　奈洛比市附近的景點中，最推薦的景點有三個，長頸鹿中心（Giraffe Centre）、小象孤兒院（Sheldrick Elephant Orphanage）與凱倫博物館（Karen Blixen Museum），三者間的距離並不遠，想要一天跑完是可行的，不過如果時間有限，這三者之中，最推薦值得一去的，就是小象孤兒院了。

平均每十五分鐘就有一頭大象遭到獵殺

　　小象為何要住在孤兒院？我一開始不太了解這個意思，小象被照顧保育，為何要說是孤兒院呢？

　　原來，牠們真的都是孤兒，可憐的孩子們。世界上平均每十五分鐘就有一頭大象遭到獵殺（為了獵取象牙），母象不會哺育非親生的小象，成為孤兒的小象只能逐漸邁向死亡。小象孤兒院由 The David Sheldrick Wildlife Irust（DSWT）這個非營利組織在 1977 年所創立，他們救援成為了孤兒的小象們，提供牠們一個能夠安心成長的地方，因為年幼的小象無法自己存活，一旦離開媽媽，死亡率極高。

　　小象很需要媽媽的照顧，因此機構代替媽媽來照顧牠們，等待牠們身心康復後，再協助牠們回歸大自然生存。小象孤兒院固定每天早上 11 點，會開放一小時讓遊客參觀，來到這裡並非觀光娛樂，而是了解大象保育的重要，若有意願的話，也可捐款認養小象。

在人類保母帶領下，小象一一出來見客

入園後，跟著指示順路走，就會來到拉起繩索的位置，大家都安靜圍在繩索外等候，在開始前保育員會先宣導一些注意事項，例如過程中可以拍照錄影，但是必須保持安靜，以免驚動到小象。

到了快 11 點的時候，給小象營養配方的專屬牛奶就會先推出來預備。這裡的小象年齡由出生一個月到三歲都有，三歲後就會試著野放回大自然。由於最終規劃是以回歸大自然為目的，所以白天都會讓小象在林子裡自由活動，夜晚才帶回來，而且盡量不與人類保育員太過親密，盡可能讓牠們適應未來的自然生活。

第一批出來喝奶的小象年齡最小，只有一到六個月大，是最萌最可愛，也是最脆弱稚嫩，最需要被呵護的，體型好迷你，看起來像玩偶般的可愛。

第二批出來的小象，年齡就稍大一點，體型看起來就壯多了，大約是七個月到一歲之間，已經會用鼻子自己捲著大奶瓶喝奶，小饅頭看了好興奮，忍不住小聲尖叫了一下。

而最後出來的小象們，已經開始長出象牙了，短短的象牙好可愛，也比較活潑好動，一瓶奶很快就被秒殺，喝完奶後就開始嬉戲玩耍，打打鬧鬧的，果然都還是個孩子啊！

↟ 這裡的小象簡直是天生的巨星，光是一出場，就讓大家興奮不已，直說可愛。

↟ 這隻大象還很小，未滿六個月，所以連象牙都還沒長出來，喝奶的神情也太萌了啊！

↟ 再大一點的小象，就會自己用象鼻捲奶瓶喝奶了。

← 每隻小象都很獨特，大家都努力壓抑著興奮的心情，瘋狂拍照。

慈善機構接受認養資助，讓小象孤兒獲得細心照顧

　　爾後的時間，小象們都在場中喝奶嬉戲打鬧，小象一天會餵食三次配方奶，但只有早上 11 點這時間開放參觀，其餘時間，都會讓小象們自由自在的到處探索環境，適應大自然，看著牠們無憂無慮偶爾耍脾氣的樣子，覺得天真又可愛，希望牠們都能平安長大，將來都能夠重返大自然。

　　這期間保育員開始拿起了麥克風，講述小象們的身世，每一隻小象都有屬於牠的故事，以及這個機構所需要籌募的經費，園區內有販賣許多跟小象相關的手工藝品，也開放認養小象，大家可以依照自己的狀況，購買商品或者捐款來資助這個慈善機構。

　　同時透過這個參觀活動，希望讓小饅頭更能愛護動物，了解人類的貪婪，對大自然的破壞，以及對動物的傷害有多深，不要因為個人的私心而去傷害了這些無辜的動物。

The David Sheldrick Wildlife Trust
網站：sheldrickwildlifetrust.org
開放時間：11：00 ～ 12：00
門票：每人 500 先令或美金 5 元，入園時直接付款
備註：雖然離市區不遠，但因交通不便，建議談好價錢，包車前往。

↑ 不管小象們做什麼或是什麼姿態動作，光看在眼前晃來晃去，就讓人好開心，這畫面好療癒！

小象孤兒院是最佳校外教學

在小象孤兒院參觀的時候，看見了好幾批的校車，都是不同學校的學生來參訪，大家在看完小象喝奶過後，就在旁邊玩耍，小饅頭也一起湊熱鬧，大家對黃皮膚黑頭髮的她也十分好奇，紛紛用英文與她對話。一開始小饅頭會彆扭，也不太搭理，但沒多久，竟然笑咪咪的玩在一塊了。

↑ 好多小學生到這裡來校外教學，大家對黃皮膚的我們，都非常好奇，因為這裡黃皮膚的遊客不多見。

↑ 最開心的當然是小饅頭，第一次可以這麼近距離的接近象寶寶，還能伸手摸牠，好刺激啊！

參訪基貝拉
非洲最大貧民窟

世界上最不適合生存的地方

　　我們此行前往的貧民窟—基貝拉（Kibera slum），是肯亞、也是非洲最大的貧民窟，這裡的「大」並非指的是土地面積，而是在裡面蝸居的住民們。因為在這裡，面積大約只有 2.4 平方公里，但是卻擠進了八十至一百萬人在此生活，這已經是肯亞首都奈洛比四分之一的人口數。

　　因此它被視為是世界上人口密度最高的地區之一，也被視為是地球上最可怕、最不適合生存的十大地方之一，但它卻真實的存在於肯亞的最大城市裡。

↑ 散落著垃圾果皮及塑膠袋的小山坡，下方的這整片住宅區，就是基貝拉貧民窟。

走進同個時空下的另一個世界

開車進入基貝拉地區，把車停靠在居民的活動中心前，這是為了讓車子處於最醒目的地方，以免被宵小打破車窗竊取財物。由小山坡上往下俯瞰，是一大片汙濁的鐵皮屋群，這裡就是基貝拉貧民窟。

這裡的房子都是由廢棄的生鏽鐵皮，以及黃土拼湊搭建而成的，因為簡陋破舊，所以下雨天一定會到處漏水，冬天也會受寒受凍，走進這裡，最讓我印象深刻的，就是撲鼻而來的怪味，那是由糞便、垃圾的臭味，混合上刺鼻的燒烤木炭及木柴味，我們的司機說，這就是基貝拉專屬的氣味。

↑ 這裡的房子都是由廢棄的生鏽鐵皮，以及黃土拼湊搭建而成的，所以整個街景，就是這樣的灰暗無生氣。

↑ 到處都有人在燒東西，因此氣味不好聞，到了夜晚，味道會越來越重，燃燒東西有一部分是為了驅蚊。

貧民窟形成原因複雜

　　基貝拉貧民窟的形成原因十分複雜，當時是英國殖民時期在此進行的種族隔離政策，後來肯亞獨立了，政府取得政權及土地權，亟欲改變現狀，但是歷次的改造都宣告失敗，加上首都奈洛比日益擴大的貧富差距，以及這裡模糊不清的土地產權等，使得貧窮的人越來越多，根本無法在物價越來越高的奈洛比生活，不得已的情況下，只好住進基貝拉。

　　現在的基貝拉人口還在不斷增加中，因為城市進步快速，城鎮化的過程造就了更多的窮人，資源無法公平分配，不得已就只能躲進這裡，奈洛比的貧困人口每天都在大量的湧入。

不被政府承認的非法定居地

　　基貝拉貧民窟被肯亞政府視為不合法、令人羞顏的存在，因此為了驅離這些居民，肯亞政府拒絕給予任何服務與支援，這裡沒有水管引水、沒有電路管線、沒有鋪設馬路，也沒有學校或醫院。沒有街名門牌、沒有郵政服務，甚至很多人也沒有身分，政府不提供公共服務及基礎設施，因此包含教育與醫療等服務，都只能仰仗國際非政府組織的協助，不過由於經費問題，大都條件簡陋，環境惡劣，設備嚴重匱乏，大部分的居民仍是非常原始的生活著。

　　幾年前，肯亞政府曾經嘗試在外部建造屋舍，希望基貝拉內的住民能夠搬出去，讓這裡獲得改造及改善。結果取得居住資格的人，並沒有住進去，反而是將新屋出租來賺取租金，然後繼續住在基貝拉。這說明了貧民窟裡的居民，要的不是改善居住的環境品質，而是更基本的只求溫飽而已。如果把住的地方租出去，賺來的錢可以讓孩子吃飽、穿暖及上學，搬不搬走似乎也沒那麼重要了。

基貝拉是貧窮、犯罪、疾病及死亡的代名詞

基貝拉的失業率高達五成，就算有工作，這裡的人每日收入大約也只有1 美元左右，卻得要養活一家老小，許多居民一天只能吃上一頓飯。因為聚集了所有在奈洛比無法生存的人，所以這裡除了貧窮、飢餓、衛生條件差之外，也變成各種疾病、愛滋與瘧疾最大的集散地。

據肯亞政府估計，感染 HIV 病毒（愛滋病）的肯亞人中，有五分之一居住在基貝拉，疾病與貧困使這裡的犯罪率不斷攀高，如果大庭廣眾之下施捨食物，也許還會造成搶劫，讓接受幫助的一方受到傷害，所以來到這裡，一舉一動都要謹慎評估再行動。

飛行廁所—環境惡劣

貧民窟裡都是靠走路的，因為巷弄狹窄又崎嶇難行，因此任何車輛都無法進入，一天來回，走上一兩個小時是家常便飯。整個基貝拉貧民窟就像個大型垃圾場，到處都是蠅蟲亂舞，臭水溝就在兩側流過，空氣中一直瀰漫著一股刺鼻的味道。走進這裡，千萬不要踩到地上的塑膠袋，因為那些散布一地的大小不一的垃圾塑膠袋，就是「飛行廁所」（Flying Toilets）。

因為在基貝拉，沒有一戶人家有衛浴設備，而公共廁所也不多，平均八百多人要共用一間，能排隊上到的機率不高，而且還要付費，上一次廁所要 5 先令（大約臺幣 1.5 元），想當然爾，人有三急，又沒有錢，只能隨機應變了，塑膠袋便成了代替品。將人有三急解決完畢後，這些裝滿排泄物的塑膠袋，很自然的就會往外扔掉，人類排泄物、垃圾、油煙、和其他廢棄物散落遍地，讓基貝拉變成一個巨大的廢棄垃圾場。

↑ 滿地的垃圾，底下烏黑的一片是黑炭的痕跡，因為在基貝拉沒有電，只能自己燒水。

↑ 滿地的塑膠袋就是飛行廁所，從屋裡丟出來的排泄物，就這樣大喇喇地暴露在街上、水溝邊。

↓ 這是協助清運垃圾的火車，每日會進到基貝拉一趟，清理掉大部分的垃圾，但仍無法改變垃圾滿地的狀況。

參觀貧民窟裡的學校

貧民窟裡的學校，是讓這裡的孩子能翻身的希望，不過因為經費不足，連屋頂都是大大小小補丁的鐵皮，室內沒有窗戶，裡面的光線非常昏暗，所有照片都是靠著相機的高 ISO 協助下所拍攝的。

下雨的日子，外面下著大雨，屋裡也會跟著下雨，外面的巷子都會變成爛泥巴路，因此小朋友的衣物及鞋子很少是沒沾上泥巴的。這些孩子來上學，午餐要自備，很多人往往就是一小坨的米飯或是一塊炸餅來果腹，甚至有人什麼都沒帶，就來上學了。

小小年紀卻承受著飢餓貧窮，連疾病都是得自癒，沒有多餘的錢能就醫，笑容背後有很多的辛酸苦楚。基貝拉的孩子很喜歡看見外面世界的人，也喜歡拍照，只要相機對準他們，就會擁上來對著鏡頭擺姿勢，對自己鏡頭裡的樣子頗為滿意。他們會一直熱情的說著「Hello」、「Hi」以及「How are you」來表達善意。

學校院裡的宿舍男女分開，不過一張床不只睡一個孩子，大夥兒全都擠在一起睡覺，老師會教導大一點的孩子做些手工藝或是製作繪畫品，讓大人可以拿出去販賣，貼補學校的費用。當然，稍微表示一下心意，買個項鍊、手鍊或是畫作，這是禮貌。其實一點也不貴，比外面賣的便宜多了，只可惜旅行到尾聲，所剩的錢不多，否則我會多買一點的。

每個笑容背後都有個故事

去參觀之前，我先寫信問過老師，小朋友們有沒有想要或是想吃的東西，如果方便，我可以順便帶過去。老師告訴我，小朋友們都沒有喝過可樂，

◂ 基貝拉貧民窟裡，
由聯合國非政府組
織所設置的學校，
小朋友要自備食物
來上學。

很想知道可樂的滋味，原來孩子們的希望如此簡單，所以我帶了可樂去跟小
朋友們分享。

　　其中有個小女孩，少了一側的耳朵，我以為是小耳症，後來才得知，
原來小女孩在更小的時候，父母出門工作，為了怕他們遭遇危險，所以把她
和哥哥鎖在家裡，不讓他們出門。結果一整天都沒東西吃，哥哥肚子實在餓
得昏了，居然咬下她的耳朵來吃！這麼讓人震撼的原因，卻是真實存在於
二十一世紀的今日，這就是基貝拉的辛酸。

　　這裡的女孩們，幾乎都被剃成了光頭，不是因為不方便洗頭，而是父母
為了保護兒女，不得已之下所做的決定。因為這裡強暴事件頻傳，到了晚上，
基貝拉就變得很危險，出門洗澡上廁所，等於把自己曝於險境，所以把頭髮
剃掉，遠遠的看，男女莫辨，也就安全許多。女孩們無法自主決定自己的外
觀，只能默默被剃成光頭，這就是基貝拉的悲哀。

貧民窟也有商店街

　　主幹道上的商店街，要算是貧民窟的熱鬧街市了，也是相對安全的地方，所以心情感覺稍微放鬆一點，大部分的人都是笑咪咪的回應。有賣熱食的，大都是炸物居多；有賣衣服的，不過都是二手衣；也有經營小餐館及酒吧的，還有修改衣服的裁縫師，以及自行開業的理髮院等。

　　在這裡沒有電，所以無法使用電器用品，也沒有能力購買，只能自己燒木炭煮飯或是洗澡，如果連木炭都沒錢買，就只能買木材了。但商店街裡卻有間電器行，人潮洶湧，不過都是圍觀的民眾，因為基貝拉裡多半沒有電，也沒人家裡有電視，能夠圍在這裡看電視，所有人都看得好專心，連老闆也一樣。猜猜大家這麼專心，究竟是在看什麼節目呢？居然是日本摔角耶！實在太有趣了。

　　鐵軌兩旁也非常熱鬧，即使滿地垃圾、汙泥，但只要鋪張紙或是放塊布就可以做生意，基貝拉的市場裡幾乎看不到有全新的物品在販售，鞋子、衣物、生活雜物、汽車零件等，都有攤位在販售，甚至牙刷、襪子、內衣褲等這些很私人的二手物品，竟然也能擺在攤位上賣。

　　二手的、三手的，甚至轉過好幾手的貨品，已經髒破到不行的，都能拿出來販售，真是令人瞠目結舌。再破舊的東西都會有人光顧，因為在這裡沒有最窮，只有更窮。

↑ 基貝拉貧民窟裡的商店街，走近仔細一瞧，全是二手商品在販售。

↑ 能買得起這樣完整的木炭的，還是少數人，大部分的居民，會買破碎的小小塊的炭屑，因為便宜許多。

↑ 真的過不下去的，就買木頭來燒了。

擁抱貧民窟的藍天

聚集在基貝拉這裡的異鄉人，比任何人都明白唯有勤奮不懈地工作，才能翻身圓夢。雖然居住環境極度惡劣，仍持續不斷有人進到這裡來生活，因為基貝拉是窮人的天堂，在貧民窟裡的窮人不會受到歧視，奈洛比的發展太快，是非洲經濟較為發達的城市之一，因此消費已高漲到一般肯亞人無法負荷的程度。連我們的司機都這樣認為，所以只能認命工作。

從外地到奈洛比謀生的年輕人，沒有能力融入城市生活，因此選擇到貧民窟找一個棲身之所，把所賺的錢全都存下來，寄回家鄉，讓遠在家鄉的親人可以蓋房子，成為有屋階級。所以每天清晨，會有大批生活在基貝拉裡的人出去工作謀生，到了日落時分，才又拖著疲憊的身軀回到基貝拉，因此在這裡會看到許多穿著整齊的上班族。

國際非政府組織進駐

對很多肯亞人來說，基貝拉是他們唯一的容身之所，是得以生存下去的小世界，即使得生活在沒有水、沒有電，堆積如山的垃圾場裡，他們也甘之如飴。所以這裡進駐了國際救援的非政府組織，提供部分地區（不到20％）電力設備，也提供乾淨的日常飲用水（需花錢購買），最重要的，是提供了所有的公共設施，包括學校、醫院及廁所。只是真的數量太少罷了。

殘酷社會的大欺小

走在街上突然聽見哭聲，隨著聲音尋找小孩的蹤影，發現有個小小孩被大孩子壓在地上當馬騎，但是大家都當作沒看見，直到我停下來拍照，才有人出聲制止他們。在基貝拉這裡，就是殘酷的大欺小的世界啊！

在基貝拉感受自己的幸福

那天走在基貝拉貧民窟裡，小饅頭也許是累了，也許是周遭氛圍讓她覺得不舒服，也或許是環境太過骯髒，地上滿是排泄物，所以她一路都要爸爸抱著前進，不肯下來走路。

貧民窟裡的小朋友，看見外來客大都是開心的，會一直跟在旁邊走，當他們看到小饅頭被爸爸抱著，大都覺得不可思議，怎麼會有這麼大的小孩要人抱著呢？因為在基貝拉這裡，通常在小饅頭這年紀，都已經是背上揹一個，或者手裡抱一個的幫忙媽媽帶弟妹了。快門瞬間拍下這一張，幸福的小饅頭，與基貝拉小孩驚訝的神情。

↑ 大欺小的世界，較小的孩子總是被欺負著玩，大人忙著賺錢，根本無暇顧及。

↑ 走在基貝拉的街道上，小朋友對於被抱在手上的小饅頭充滿了不解：為何她需要被抱抱呢？

參觀貧民窟重要提醒

要不要走進基貝拉貧民窟，曾讓我考慮許久，畢竟這裡不是觀光區，不能隨意踏入，這裡每天都有強暴強盜事件發生，每天都有人死去，愛滋病及瘧疾的狀況也很嚴重，雖然我很想親眼看看這樣的人間煉獄，即使找了相關單位的協助，但還是不免擔心是否會有突發狀況發生。

在基貝拉貧民窟裡，竊盜搶劫是家常便飯，再普遍不過，因此若是無人帶領及保護，走在小巷裡，也許會被搶走背包或相機，甚至被捅一刀也不算新鮮。因此千萬不要擅自行動，一定要透過相關單位的管道，或者當地人的協調、溝通及帶領，還有一定程度的捐獻。

來到非洲，應該要有的認知就是：「任何事都需要報酬」，這點一定要銘記在心。適當的捐獻，才能確保自己的安危，不會落入不肖人士的陷阱，我認為這是很必要且應該這麼做的。

透過捐獻，透過人道救援組織來捐助，讓物資及金錢能真正讓基貝拉的孩子們溫飽，對於不虞匱乏的我們來說，只是九牛一毛，但已經可以讓整個學校的孩子好過一陣子了，所以這樣的付出，讓幸福的我覺得很值得。

能出生在相對穩定且安全的國度，我們何其幸運，所以會更加珍惜自己所擁有的一切，帶著小饅頭一起去，有相當的風險，因為怕她會生病不適應，不過走了這一趟，她親眼看到原來有人是這樣在生活的，心理衝擊也很大，我相信對她未來的影響是好的。

↑ 這張照片可以看出什麼端倪嗎？有人穿外套，有人穿短袖，而且還穿夾腳拖。這是因為資源不足，能拿到什麼物資就穿什麼，沒得選擇。

獵獅霸王馬賽族
非洲草原獅子剋星

勇猛的獵獅戰士

在非洲地區迄今還有很多的原住民部族部落，而且到現在還維持著極度原始的生活方式，馬賽族（Maasai）就是其中之一，他們應該是東非大草原上最知名且最特別的原住民族群了。因為以遊牧維生的馬賽人，直到今日，整個部落裡仍未使用電力，甚至還在以鑽木取火的方式來煮食，他們拒絕現代西方文化，堅持以傳統的方式生活，甚至還保持著一夫多妻制。

部分馬賽村開放參觀

馬賽人就住在肯亞的馬賽馬拉大草原上，與野生動物們共同生活，他們會以雜木簡單搭起圍欄，地理位置非常隱密，如果沒有部族的帶領，一般人根本無從發現馬賽村的位置及進入部落的門口。目前馬賽人可向馬賽馬拉國家公園及在內承租土地興建飯店的財團，收取一些微薄的租金，供部族建設之用，但生活仍是相當的貧窮。因此來到馬賽馬拉旅遊時，大多會被導遊或司機詢問，是否想順道探訪馬賽部落，一人大約要收 20 美元的參觀費用，以幫助馬賽族人的生活。

以馬賽勇士舞迎賓

如有訪客到來，馬賽人多會以熱鬧的歌舞開場來歡迎賓客。村裡的勇士們會小跑步，環繞的奔跑，一邊跑一邊交替單腳向上跳，舞步十分輕盈、

↑ 非常怕冷的馬賽族男人，毯子除了可以禦寒，也是種警示，力量的象徵，據說可以嚇唬野獸，保證人身安全。

整齊，伴隨著鈴聲、叫喊聲及歌聲，身形偏瘦長的馬賽人，有著與生俱來的節奏感，儀式舞還不時會伴隨競相往上彈跳比高的戰舞。對馬賽男人來說，這是相互競爭的比賽，在村子裡，誰跳得愈高，就愈有魅力，不僅能吸引異性的青睞，可以娶更多老婆，也能獲得大家的尊敬！因此跳舞時，旁邊的馬賽族女人不時會投以評論的目光，果然跳得高不高，攸關面子問題及能力問題，所以全馬賽的男人卯足全力用力跳！

當天發現，所有馬賽人的毯子都裹得緊緊的，可能是瘦的關係，馬賽人似乎都蠻怕冷的，村子裡有很多人已經穿著毛衣外套，甚至還穿著高領衣服，而跳舞的男人們，手都藏在毯子裡，可是我卻覺得並沒有那麼冷啊！所以捐獻衣服到肯亞，不用限定只能捐短袖，真的可以捐冬衣，因為肯亞的冬天季節變化明顯，早晚偏涼，而且普遍來說，肯亞人好像都蠻怕冷的呢！

馬賽男人鑽木取火、獵獅成年禮

馬賽人不使用電力，因此鑽木取火是必要的本領，也是為觀光客表演的項目之一，他們鑽木取火的時間相當快，不一會兒的時間，就能看見火焰。

馬賽人通常不會主動獵殺野生動物，但是他們有項「獵獅」的成年禮，村中十五歲以上的男生會選定一個時間，集體到草原上獵殺一隻雄獅，獵殺成功，所有參與獵獅活動的男生才算是成年的勇士。目前肯亞政府禁止獵殺野生動物，所以馬賽人的獵獅禮，不能在國家公園境內舉行；在國家公園內，只有在自己的牛群受到攻擊時，才能選擇殺死獅子，政府不會加以干預。

馬賽女人負責建造土屋

馬賽人至今仍是維持一夫多妻的現象，不過娶妻前，需要徵求其他妻子的同意再迎娶，在馬賽族娶親要用牲畜作為聘禮，而娶回家的妻子則要做所有家裡的雜事，甚至是搭建房屋。馬賽人住的房屋，牆壁是牛糞混合泥土蓋成的，屋頂則是以粗細不同的樹枝搭建而成，裡頭大約會有兩個房間，一間廚房和小小的儲藏室，屋子大約五六坪左右，卻可以住個六七人以上。

土屋為了防風沙，因此門口會有一段轉折，才會進到烏漆抹黑的屋裡，幾乎是伸手不見五指，沒想到大白天的，屋內竟會如此昏暗，因為整間屋子只有挖一個小小的洞當窗戶。室內昏暗，唯一的光源就是屋子中間燒水的火爐，燃燒中的爐火微微照亮整個家屋。也許因為這樣，難怪整個馬賽村裡都是濃濃的煙燻味，尤其又是在狹窄的屋內，讓我覺得呼吸有點困難。不過燃燒柴火當光源還有一個原因，就是可以驅蟲及驅蚊，這濃煙可以把昆蟲給燻走，不過對我們這一家人來說，這裡實在太燻太暗，完全無法久待。房屋內沒有浴室，也沒有廁所，因為馬賽人都是在野外解決，屋內沒有什麼傢俱，

連生火都是用最傳統的方式鑽木取火，用簡單的器具不到幾秒就能輕易點燃火苗。很難想像平均身高都 180 ～ 190 公分以上的馬賽人，平時要如何在這麼狹窄矮小的空間內生活。

← 鑽木取火對現代文明來說不可思議，但對馬賽人來說，卻是天天都要做的事，不用兩三下工夫，火就點燃了。

→ 馬賽人住的房屋，是由女人搭建的，牆壁是牛糞混合泥土蓋成的，屋頂則是以粗細不同的樹枝搭建而成。

◂ 馬賽族的女人們，平時會聚在一起做些手工藝及首飾，在某些大型出入口等待觀光客，當車子一停下時，就會聚攏過來推銷。

↑ 室內非常昏暗，因為屋子沒有窗戶，唯一的光源就是屋子中間燒水的火爐，燃燒中的爐火微微照亮整個空間。

↑ 有看見專屬於馬賽人的時尚了嗎？他們會用舊的汽車輪胎皮來製作涼鞋，幾乎人人都穿著一雙獨一無二的涼鞋，真的很酷呢！

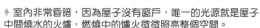

↑ 村子裡有各自的羊圈，小羊就關在裡面，等到這些小羊長大一點，就會由男人帶出去放牧，每隔一段時間會有羊隻的買賣市集，每家都會把自己的羊帶過去叫賣。

馬賽部落小學

　　此行我最想去的地點，仍是參觀馬賽小學。因為這是方圓好幾百里內的唯一一所小學，所以小朋友來自許多不同的馬賽部落，有些要走上好幾個小時的路程到學校，常常會在早上出門時，在路邊遇見要上學的小朋友，眼神交會時，似乎在詢問可否載一程？不過我們的司機大哥說，絕對不可以心軟，小朋友一旦被成功載過一次，就會食髓知味，開始變得懶惰，沒有車搭就不想去上學，這樣反而會害了他們。聽完似乎很有道理，愛之，適足以害之，所以不能隨便心軟。

↑ 小饅頭好羨慕這裡的小朋友，因為他們都只上半天課，才過中午就放學了。

↑ 小朋友都放學了之後，老師陪小饅頭上一點英文課。

　　馬賽小學都只有半天課程，所以小朋友上完課，中午就會放學回家了，下午的時候，有些小孩會在外玩耍，有些則是已經開始幫忙媽媽做家事了。學校的所有設備都是部落共同基金所建設，雖然他們不願接受西方的現代化來生活，但卻希望下一代都能有語言能力能夠去都市發展，英文是他們最重視的教育課程之一，無論再辛苦，都會努力供給下一代來上學。我們遇到的部分馬賽男人，都是有去城市上過學的，所以具備一定程度的英文能力，他們有的人會去城市裡工作，然後把收入拿回來給部落使用，有些則是留在部落經營觀光事業，當然錢永遠是匱乏不足的，因此來到這裡不免也是要把錢掏出來捐獻一下，一半被強迫，一半當是自願了。

馬賽男人的眼神魅力

　　帶著我們參觀的馬賽人，看起來應該是村裡的領袖級人物，他說著一口流利的英文，不僅參觀金額由他訂，參觀行程他說了算，指揮調度各個地方的陪同者，甚至身上的首飾看起來也比較華麗，還有手上那支錶也是。他講話總是輕聲細語的，但是語氣很果決，眼神一直在觀察各處也觀察著我們，當他看著我的時候，我都覺得好像要被看穿了，似乎心裡在盤算些什麼，都會被他猜穿。我突然想起前幾年，有個日本女導遊帶遊客參觀馬賽村時，就對一位馬賽青年一見鍾情，她說那個男人的帥氣迷人程度，連木村拓哉都沒得比，然後就把自己嫁到馬賽部落了。我想，眼神絕對是關鍵，他們太擅長凝視了，那眼神太可怕了！

參觀部落小提醒

　　想要參觀馬賽族部落，建議還是透過自己的導遊或司機聯繫，這樣才不至於被當成凱子，大削一頓，但是必要的參觀費及小小心意的捐獻還是需要的，畢竟馬賽族人願意開放自己的家讓人參觀，都是為了生計。

↑ 帶著我們參觀的馬賽人，看得出來是村裡的領袖級人物，身上的小配件也比較華麗。

TIPS

Maasai Village 價格參考
參觀費一人美金 20 元（不過捐獻是心意，大約美金 10 ～ 20 元即可）。

✿ 肯亞簽證辦理

　　所有旅客入境肯亞均需辦理簽證，臺灣遊客可以上網申請肯亞電子簽證 e-Visa，單次入境簽證申請費用為美金 51 元，16 歲以下小孩不收費。入境肯亞時，移民官會給一張手寫的入境審查，並在上面蓋入境章，務必保存好，以便回程審查。

1. 申請網站：evisa.go.ke。
2. 準備文件
   (1) 符合護照規格的證件照。
   (2) 護照照片頁。
   (3) 訂房資料。
   (4) 來回機票。
3. 申辦步驟
   (1) 先上官網申請帳號，一家申請一個即可。
   (2) 填寫個人資料並上傳所需證件（小孩也要一併填寫）。
   (3) 電子簽證單次申請費用為 51 美元，以信用卡線上支付。
   (4) 將電子簽證列印出來，並於入境時出示。

(5) 16 歲以下兒童不需辦理簽證，但保險起見，列印官網上簽證免辦理的頁面，並攜帶一份英文版的戶籍謄本，以證明親子關係。

↑ 網路申請電子簽證，並線上支付簽證費用後，就會收到一張繳費證明。

↑ 大約 5～7 天就能收到簽證，將電子簽證列印後，並於入境時出示即可。

Ethiopian ㄷㄨㄈㄨㄈ

eTicket Receipt

Prepared For

RESERVATION CODE	CSVULK
ISSUE DATE	11Feb16
TICKET NUMBER	0712114114603
ISSUING AIRLINE	ETHIOPIAN AIRLINES
ISSUING AGENT	Ethiopian Airlines/DIE

Itinerary Details

TRAVEL DATE	AIRLINE	DEPARTURE	ARRIVAL	OTHER NOTES
31Jul	ETHIOPIAN AIRLINES ET 609	HONG KONG, HONG KONG SAR Time 12:45am Terminal TERMINAL 1	ADDIS ABABA, ETHIOPIA Time 6:10am Terminal TERMINAL 2	Class ECONOMY Seat Number 13C (CONFIRMED) Baggage Allowance 40K Booking Status OK TO FLY Fare Basis HES1YHK/WEB
31Jul	ETHIOPIAN AIRLINES ET 302	ADDIS ABABA, ETHIOPIA Time 8:15am Terminal TERMINAL 2	NAIROBI KENYATTA, KENYA Time 10:24am	Class ECONOMY Seat Number 12J (CONFIRMED) Baggage Allowance 40K Booking Status OK TO FLY Fare Basis HES1YHK/WEB
09Aug	ETHIOPIAN AIRLINES ET 307	NAIROBI KENYATTA, KENYA Time 7:15pm Terminal TERMINAL 2	ADDIS ABABA, ETHIOPIA Time 9:05pm Terminal TERMINAL 2	Class ECONOMY Seat Number 13A (CONFIRMED) Baggage Allowance 40K Booking Status OK TO FLY Fare Basis UES1YHK/WEB Not Valid Before 03AUG Not Valid After 31JUL
09Aug -10Aug	ETHIOPIAN AIRLINES ET 672	ADDIS ABABA, ETHIOPIA Time 10:15pm Terminal TERMINAL 2	HONG KONG, HONG KONG SAR Time 1:45pm Terminal TERMINAL 1	Class ECONOMY Seat Number 13A (CONFIRMED) Baggage Allowance 40K Booking Status OK TO FLY Fare Basis UES1YHK/WEB Not Valid Before 03AUG Not Valid After 31JUL

Payment/Fare Details

Form of Payment	CREDIT CARD - VISA : XXXXXXXXXXXX 9225
Endorsement/Restrictions	NON-ENDO/PENALTIES APPLY
Fare Calculation Line	HKG ET X/ADD Q5.80ET NBO325.43ET X/ADD ET

↑ 這份是線上填寫的旅遊計畫，只要把來回旅行時間、航班、旅行地點、住宿飯店，簡單大略填上就完成了。

◉ 歡迎使用個人動態登錄

◉ 第一次連錄 ◯ 曾經登錄

請填寫以下資料，謝謝您！

*中文姓名	請輸入您的中文姓名
*英文譯名	請輸入您的英文譯名
*出生年月日	請輸入您的出生西元年/月/日 (ex:2001/01/01)
*登錄者身分	◉ 在台設有戶籍之國民 ◯ 僑胞
*身分證字號	請輸入您的身分證字號
中華民國護照號碼	請輸入您的中華民國護照號碼
*性別	◉ 男 ◯ 女
*出國目的	◉ 旅遊、工作、探親 ◯ 留遊學 ◯ 度假打工
電話	請輸入您的電話
*eMail	請輸入您的eMail
	「倘使用免費YAHOO（雅虎）信箱，請參考該公司網站公布「信件被自動分類功能誤定為垃圾值」之相關設定，以確保不會遺漏本局寄送之重要信件。」
在台住址	請輸入您的在台住址
*在台緊急聯絡人	請輸入您的在台緊急聯絡人
與在台緊急聯絡人之關係	請輸入您的與在台緊急聯絡人之關係
*在台緊急聯絡人之電話	請輸入您的在台緊急聯絡人之電話
在台緊急聯絡人之行動電話	請輸入您的在台緊急聯絡人之行動電話

↑ 出國前到外交部領事事務局，申請出國登錄（www. boca.gov.tw/sp-abre-main-1.html），多一份安心及保障。

◉ 疫苗注射與藥物

　　肯亞是瘧疾的好發地區，也是黃熱病疫區，至少出發前一個月要到旅遊醫學門診施打必要的預防針，例如：黃熱病疫苗、流行性腦脊髓膜炎疫苗、A肝疫苗等，並且要遵照醫囑將瘧疾預防藥物服用完畢，以免體內藥物濃度不足，而感染瘧疾。

1. 施打黃熱病疫苗

　　黃皮書是「國際預防接種證明書」，是受世界認可的預防接種證明書。由各國的衛生機關依照世界衛生組織（WHO）的規定及證明書格式所核發。

　　黃熱病（Yellow Fever）是一種病期短且嚴重度變化極大的急性病毒傳染病，病程上大致可分為兩個時期：急性

期與中毒期。急性期會發燒、頭痛、全身肌肉酸痛、食慾不振、噁心及嘔吐，而且在第五天左右時最明顯。大部分的感染者經此階段後便復原，但約有 15％ 的患者在經過數小時至一天的緩解之後，就進入中毒期，進入中毒期的病人死亡率就提高了。而黃熱病主要是經由受病毒感染的病媒蚊叮咬所傳染，所以出發前去施打黃熱病疫苗，是件非做不可的事。

2. 服用瘧疾藥物

除了黃熱病疫苗接種以外，也必須服用由醫師開立的抗瘧疾藥物。瘧疾藥物共有四種，除了大家熟知的「奎寧」（Mefloquine）之外，還有「去氫羥四環素」（Doxycycline）、「阿托奎酮與氯胍混合製劑」（Atovaquoneproquanil）和「羥氯奎寧」（Hydroxychloroquine）。

「去氫羥四環素」最便宜，一天要吃一顆，要省錢可以考慮吃這種，但是 8 歲以下小朋友不能服用；「阿托奎酮與氯胍混合製劑」也是每天一顆，但費用較高；「羥氯奎寧」與我們要前往的地區不合，因此不適用不考慮；就只剩下「美爾奎寧」了，雖然費用也較高，但是一週一顆，七天才吃一次，相對划算又不用吃太多次，所以適合一家大小都吃。要注意的是，瘧疾用藥是出發前就要開始服用，回國後仍須持續服用，直到規定時間結束為止。

3. 特殊狀況

有任何疑問，可撥打疾病管制署免付費諮詢專線 1922 或 0800-001922 洽詢，國外請撥 +886-800-001922，發話端需自付跨國撥打費用。

❀ 使用貨幣

肯亞所使用的貨幣單位為肯亞先令（KenyaShilling，KSH），在臺灣無法兌換，建議攜帶美金到肯亞當地，再進行換匯。換匯地點以機場最為方便，也最為划算，美金 1 元大約可兌換 100 先令上下不等（2019 年 01 月匯率）。

不過在當地旅遊，旅行社報價是以美金計價，肯亞境內的旅館飯店及紀念品店，也都收受美金，所以建議肯亞先令一次不要兌換太多。

❀ 上網通訊

　　Wi-Fi 機在當地比較不合用，建議購買當地網卡來使用。肯亞國際機場出來後，就有好幾家的電信公司可以辦理網卡，Safaricom 是肯亞最大的電信商，把護照交給店員影印，就能申辦。網路流量：1G 為美金 5 元，3G 為美金 10 元，開通網路設定需接收簡訊，全程都可由店員協助設定完成。

　　不過有些地區，尤其是野生國家公園內，偶爾會收不到訊號，但大致上使用網路都是流暢的，飯店內、甚至是獵遊車上也會提供 Wi-Fi，在野生國家公園，一邊獵遊，還能一邊上網，真是太神奇了。

❀ 語言問題

　　肯亞當地主要使用的語言為斯瓦希里語（Swahili）及英語，大部分使用英語都能溝通，但是如果來到當地，能學幾句斯瓦希里語的話，可以拉近與當地人的距離，也能更為融入。例如：
- Jambo：你好、哈囉。
- Hakuna matata：放心，沒問題。
- Sawa：OK，可以。
- Asante：謝謝。

❀ 插座及時差

　　肯亞的插頭型式為三孔式，上直下橫，因為早期是英國殖民地，所以與英國的規格相同；時差則是晚臺灣五小時，也就是臺灣時間下午五點，肯亞則為中午十二點。

❀ 電源與電壓

　　電壓標準：220 ～ 240 V；頻率：50 Hz。

❀ 氣候及溫度

　　肯亞大部分的地區為高原山地，平均海拔 1,500 米以上，因此氣候多樣，雖屬於熱帶季風地區，沿海城市濕熱，但高原溫度較低，高山上有時還會下雪。全年最高氣溫為攝氏 26℃，最低為 12℃，氣候涼爽舒適，早晚溫差較大，白天炎熱，但太陽下山後就會迅速降溫。

◄ 在肯亞的道路旁，常會看到這樣的警示標誌，標明了當天草原的狀態，若是有火災的疑慮，就會改變路線。

↑ 肯亞奈洛比的國際機場，看起來完全不像是機場的樣子，倒像是工廠。

❀ 飲食及衣著方面

只要是在飯店內的飲食，都是可以放心食用的，安全衛生有一定的品質保障。最需要注意的是飲用水，建議一到當地，先去超市買一箱大瓶的礦泉水，喝水只喝礦泉水，刷牙漱口也用礦泉水，這樣做是最保險的。若是跟團旅遊，旅行社、飯店及獵遊車上，都會提供瓶裝礦泉水，所以不用擔心。

肯亞日夜溫差大，加上野生國家公園風沙大灰塵多，穿著易脫的薄外套、口罩、帽子及太陽眼鏡是必須的，另外還可以多準備一點濕紙巾，因為在獵遊車上的時間長，一時半刻會無法清潔。

✿ 當地交通

肯亞對外交通有喬莫‧肯雅塔國際機場（Jomo Kenyatta International Airport），與其他城市間也有飛機與客運相通，所以到肯亞旅遊，可以搭乘飛機及大眾運輸工具接駁，到了野生國家公園再訂獵遊行程即可；也可以直接在奈洛比的旅行社就訂好包車的行程，一整趟旅程都可由導遊司機帶領，更為方便省事。

✿ 尋找當地旅行社方式

到肯亞自助旅行，一間信譽良好評價高的當地旅行社是旅程圓滿的最重要條件，只要能找到一間適合的 Travel Agency，旅行就成功了一半。尤其是國家公園內的獵遊行程，是無法自駕的，必須有專業領有執照的導遊司機及專門車，才能進入國家公園內，因此擁有一位好司機，則是旅行圓滿成功的要素。

每天都待在獵遊車上至少 10 小時以上，時間相當漫長，找一個好相處的導遊司機非常重要。司機的駕駛技術經驗老道，讓人坐了不會暈車，又能跟當地的部落溝通，避免被勒索，也有耐心的幫忙尋找動物，還會幫忙哄騙小孩，這除了運氣外，當然旅行社的品質也是關鍵之一。

從網路上的評價上，找幾家喜歡的旅行社寫信去提出行程需求，報價後再篩選旅行社。確定旅行社後，再詳列行程內容，做再一次的行程及價格確認，獵遊車款及飯店等級是價格高低的最大關鍵，若是高出預算，就可以考慮把四輪傳動車，改為 VAN 車款，或是降低飯店的規模。

← 以包車形式出遊，都是為了孩子，空間寬敞的話，覺得累想休息時，就可以直接躺下來睡覺，不會影響到別人。

一個專業的司機，及一輛合格的旅行車，是肯亞獵遊最重要的因素，我們車子左側擋風玻璃上，貼滿了允許進入國家公園的標章，而司機正在開車渡河。

如果情況允許，司機就會帶我們去草原上野餐，簡單在地上鋪塊餐巾，就是個完美夢幻的野餐回憶。

❀ 住宿參考

豪華露營地其實與飯店無異，一樣有張大床可睡，供應早晚餐食，而且也有游泳池及戶外嬉戲空間，只不過把牆壁變成了塑膠布，而且晚上不能外出而已。如果真的無法突破心防，可以選擇入住飯店，至少晚上不會一直聽到外面奇怪的聲響，或是野獸的吼叫聲，一定會睡得比較安穩。

1. 奈洛比市區住宿參考

Sandton Palace Hotel

地址：Taveta Road, off Accra Road, Nairobi, Kenya

電話：+254 20 2227082

網站：www.sandtonhotels.co.ke

2. 阿布岱爾國家公園住宿參考

(1) The Ark 方舟

電話：+254 20 2101333，
+254 737 799990

訂房：reservations.ke@marasa.net

網站：thearkkenya.com

(2) Treetops Lodge

電話：+254 72 2207761，
+254 73 7207761

訂房：reservations@aberdaresafarihotels.com

網站：treetops.co.ke

3. 納庫魯湖住宿參考

Flamingo Hill Tented Camp

地址：Lake Nakuru National Park, Nakuru Kenya, Kenya

電話：+254 777 206242

網站：www.flamingohillcamp.com

4. 奈瓦夏湖住宿參考

Lake Naivasha Sopa Lodge

地址：Lake Nakuru National Park, Nakuru Kenya, Kenya

電話：+254 704 300301

網站：sopalodges.com/lake-naivasha-sopa-lodge/overview

5. 馬賽馬拉住宿參考

(1) Masai Mara Sopa lodge

地址：Masai Mara

電話：+254 723 853204

網站：www.sopalodges.com/masai-mara-sopa-lodge/overview

(2) Sarova Mara Game Camp

地址：Po Box 855 Narok, Masai Mara, Kenya

電話：+254 773 610405

網站：maasaimara.com/entries/sarova-mara-game-camp

✿ 野生國家公園拍照技巧

在遼闊的草原上，一般相機效果有限，來到動物天堂必須嚴守保育環境的規矩，因此遊客都必須待在獵遊車內，用高倍率的望遠鏡眺望，或者是拿長鏡頭捕捉動物的身影。所以建議來肯亞旅遊，若想要拍到美好的畫面，要攜帶有長焦段的相機，望遠鏡頭才能拉近與動物間的距離，拍下動物行動的瞬間。

↑ 看看這兩頭慵懶的獅子夫婦，沒仔細看，還以為是路旁的野狗呢！這是肯亞草原上的日常，卻是如此的不平凡。

每個進入魔鬼池的遊客，隨行導遊都會協助拍攝照片，以滿足各種需求與心願。

Part 3

贊比亞

贊比亞概況
隨著維多利亞瀑布興起的小鎮

贊比亞共和國（Republic of Zambia）簡稱贊比亞或是尚比亞，是中非的一個內陸國家，官方語言為英語，主要宗教為基督教，大部分的土地都位於海拔一千公尺以上的高原上，首都是路沙卡（Lusaka），主要產業是礦業，尤其是銅的產量是世界第五位，有銅礦之國的美稱。

贊比亞地廣人稀，全國人口不到臺灣人口的三分之二，但是城市化的程度極高，有一半的人口居住在城市裡，首都以金融和商業發展為主，所以大多數的遊客會直接前往贊比亞南部的利文斯頓（Living Stone），也就是世界三大瀑布之一的維多利亞瀑布（Victoria Falls）所在的城市。

利文斯頓—命名由來

利文斯頓是一個人口大約十萬人的小城鎮，在西元 1855 年的時候，有個蘇格蘭的探險家大衛·利文斯頓（David Livingstone）在贊比西河（Zambezi river）上划著獨木舟探險，晚上停靠在贊比西河中的一座小島（現今被命名為利文斯頓島），在島上睡了一夜，隔天醒來他發現了維多利亞瀑布，也因此獲得了爵位。贊比亞為了紀念這位探險家，瀑布小鎮的名稱就成了利文斯頓，城裡除了有利文斯頓的紀念碑及博物館，還有許多以他為名的飯店和餐廳，足見贊比亞人對他的敬重。

↑ 利文斯頓的機場繁忙程度不輸首都路沙卡的機場，原因在於這裡擁有世界前三大瀑布一維多利亞瀑布。

↑ 蘇格蘭的探險家大衛‧利文斯頓在贊比西河上，發現了這個美麗壯觀的大瀑布，並以英國女王的名字為它命名，這個城市也以他來命名。

↑ 贊比西河是贊比亞與辛巴威兩國的共同資產，所有的觀光活動都圍繞著瀑布及贊比西河。

瀑布兩側皆設立國家公園

在贊比亞的利文斯頓，瀑布區為莫西奧圖尼亞國家公園（Mosi Oa Tunya National Park），而我們去的是辛巴威的維多利亞瀑布國家公園（Victoria Falls National Park）。Mosi-oa-tunya 的地方語言意義，即為「聲若雷鳴的雨霧」，瀑布以萬馬奔騰之勢，流瀉而下，聲若雷鳴，雲霧迷濛，因此被稱作轟隆巨響的水流，也就是 Mosi-oa-tunya。瀑布聲量有多大？光是靠近瀑布區，還沒抵達，就能聽到如雷貫耳的響聲，距離越近越響亮，把周圍的所有聲音全都覆蓋過去了。

維多利亞瀑布名稱的由來

贊比西河在流至辛巴威與贊比亞邊境的斷層時，形成了高 106 公尺，寬達 1,800 公尺的巨大瀑布，這個瀑布有 80％在辛巴威境內，20％在贊比亞境內。大衛‧利文斯頓描述發現這瀑布時，感覺是一團水霧下，河流就像是突然從地面上消失了一般，而這團水霧在數公里外就可看到，距離瀑布越近，瀑布轟隆的鳴叫聲就越響亮。他說在英國從沒見過這般美麗的景象，無法形容瀑布的美麗，這個奇景至今仍未變，他說即使天使從天上飛過，也會對這裡的景色流連忘返。為了對當時的英國女王表示崇敬之意，他將這座瀑布命名為「維多利亞瀑布」，維多利亞瀑布 1989 年被列入世界遺產，而兩側的國家公園也一起並列。

維多利亞瀑布是世界三大瀑布之一，壯觀程度可想而知。整個瀑布的寬度超過兩公里，高度超過128公尺，瀑布落下時濺起的水花可達300公尺高，看起來真的好像漫步在雲端，雲霧圍繞在旁一般，公園到處都可聽見震耳欲聾的瀑布聲。

在瀑布頂端上帝的泳池戲水

　　在贊比亞此端的維多利亞瀑布上，有一處天然形成的岩石池窟，就位於瀑布頂端的懸崖邊上，因為地勢十分險惡，被稱為「魔鬼池」，也是世界上最危險的瀑布池。魔鬼池一年之中只有旱季的那幾個月水流才會趨於平緩，也才能讓遊客進入拍照，不過魔鬼池的邊緣並沒有防範措施，所以遊客必須自己衡量狀況，也許稍微一不留神，就可能被湍急的水流衝下瀑布。

　　雖然贊比亞也有野生動物保護區及其他自然景觀，不過跟其他非洲國家相比，並沒有比較突出特別之處，大部分的遊客會結合辛巴威、博茨瓦納或是南非的旅遊，再順遊贊比亞，當作是旅程的一部分。

↑ 維多利亞瀑布頂端的懸崖邊上，有個自然形成的池子，被稱為「魔鬼池」，也是世界上最危險的瀑布池。

↟ 魔鬼池一年之中只有開放幾個月讓遊客進入，若是雨季來臨，水勢過大，就會管制，以免造成危險。

維多利亞瀑布橋
前來測試你的膽量與勇氣

在辛巴威參觀完維多利亞瀑布公園後,不妨直接過橋,走上連接兩國邊界的鐵路橋,到另一岸的贊比亞,來個兩國一日遊。

維多利亞瀑布鐵路橋—位於兩國邊境

由於維多利亞瀑布鐵路橋(Victoria Falls Bridge)橫跨兩國,所以等於是要在邊境再度通關(但不離境),通關時要排隊出示護照領證明,才能來到邊境的瀑布橋上。邊境處聚集了好多要通關的人,很多是因工作往來的當地人,也有不少像我們一樣的旅客,甚至連狒狒都從辛巴威這端跑來贊比亞玩耍了。在這段路上,不時可以看到四處遊竄的疣豬和猴子狒狒,感覺似乎有點危險,但如果不刻意靠近,倒也是和平共處。

在海關處憑著兩國簽證,便可取得上架橋的通行票,不需要在護照上蓋章,架橋不大,但卻有供車輛通行的車道、火車軌道,以及兩側的人行道,所以要通過此橋,有三種方式可以選擇,但步行絕對是最能夠好好感受瀑布之美的方式。

↑ 維多利亞瀑布鐵路橋橫跨辛巴威與贊比亞兩國，所以等於是要在邊境通關，通關時要出示護照領取證明文件，才能來到邊境的瀑布橋上。

↑ 位於贊比亞與辛巴威國界上的鐵路橋，於 1905 年建造完成，全長 198 公尺，是一條行人、汽車、火車共用的大橋。

← 看見這個告示牌，就知道已經進入贊比亞的境內了。

↑ 走往邊境的路上，沿途有許多的狒狒到處跑來跑去的，行走時盡量避免飲食，以免吸引其靠近。

↑ 鐵路橋墩上的標示，贊比亞側有一個，另一端的辛巴威側也有。

↑ 這座鐵路橋是開普敦－開羅鐵路的一部分，原本規劃從南到北可貫穿整個東部非洲，但卻是一條未完成的鐵路計畫。

原來這條鐵路，原本規劃是可以貫穿東非的啊

　　維多利亞瀑布有 80％在辛巴威的維多利亞瀑布城區，20％在贊比亞的利文斯頓區，邊境就由唯一跨越的鐵路橋連接，這是開普敦－開羅鐵路（Cape-Cairo railway）的一部分，原本規劃從南到北可貫穿整個東部非洲，銜接英國在南非至埃及的殖民領土，但這是一條未完成的鐵路計畫。這附近還有個很棒的 Lookout Café，可以從絕佳的角度來欣賞這座鐵路橋，以及維多利亞瀑布壯闊的 U 字型峽谷；還可以聽到如雷聲般轟隆隆的瀑布水聲，體驗連續不斷濺起的水花，會把人與鏡頭噴溼，因此想要拍照或錄影困難度頗高，由橋上俯瞰維多利亞瀑布以及陡峭峽谷的畫面，真有身處非洲叢林的感覺啊！

↑ 走在鐵路橋上觀賞維多利亞瀑布，雖然距離遙遠，但濺起的水花卻也能把人與鏡頭噴溼。

辛巴威與贊比亞兩側橋上的旅遊活動

　　橋上有一處提供蹦極跳（Bungee jump）與鞦韆橋（Bridge Swing）的極限活動，這是在維多利亞瀑布區最受歡迎的活動之一。從鐵路橋一躍而下，感受大峽谷 128 公尺高（超過 40 層樓的高度）的刺激快感，是很多歐美遊客喜愛的熱門體驗。目前這些極限運動，都是由美國公司所經營，有專業團隊及玩家在協助，所以安全性及專業度不用太過擔心。不過我們一家心臟都沒這麼強大，加上 2015 年才剛發生過，一名澳洲女孩往下跳時，繩索突然斷裂，就這樣掉進贊比西河裡，雖然很幸運的只有小傷，沒有撞擊到石頭，也沒有被鱷魚或河馬攻擊，但還是讓人驚嚇不已。只不過，平心而論，如果全世界的高空彈跳評比，一輩子真要選一處高空彈跳的話，那麼有著雷鳴般瀑布聲，天空灑滿水花煙霧，峽谷深達 128 公尺，屬於世界前三大瀑布的維多利亞瀑布區，的確是高空彈跳者的首選，有機會有勇氣的話，一定要來感受一下的啊！

瀑布橋活動費用參考（2018 年價）
蹦極跳：每人約美金 160 元。
鞦韆橋：每人約美金 100 元。

◀ 鐵路橋上有小販在販售紀念品，以及各項極限運動的進行，包括刺激的高空彈跳及鞦韆橋，從橋上俯瞰峽谷就已經腿軟，敢於挑戰這些難度頗高的極限運動實在厲害。

當地居民每天步行穿越國境工作

　　小饅頭從邊境關口走到瀑布橋，就說腳很痠了走不動，接下來完全放棄雙腿，坐在原處耍賴，爸爸只好抱著揹著她，從贊比亞走回辛巴威。沿途看見好多當地的婦女，身上都背著幼兒，但頭頂上又頂著重物，非常辛苦地大包小包的通關，覺得十分不可思議，但這就是非洲的生活模式，只有頭頂才能扛重物，否則無法步行運送大量物品，想想我們的確幸福許多。

　　小饅頭看見路邊的狒狒，竟然開心地衝過去靠近牠們，完全不知道野生動物的可怕，差點讓我嚇破膽。在辛巴威的路邊，真的到處都是猴子跟狒狒跑來跑去的，會注意及靠近有食物的人，如果落單的話，其實還蠻可怕的。

　　維多利亞城不大，很多地方都是步行即可，不過如果要離開市區，去遠一點的地方看生態，建議還是預約計程車，當地人說路上的人跡少了，動物就有可能會突擊，無法預知會在路上遇到哪種動物啊！為了安全考量，飯店也都會詢問要從事的活動地點，並協助預約叫車。不過這個城鎮市區就真的繁榮許多，因為觀光發展的緣故，鎮上已有柏油鋪路，而且跟觀光相關的各項產業也應運而生，除了有一堆購物中心、銀行提款機、超市及加油站等，也有不少間各式的餐廳，當然路邊兜售舊辛巴威幣的當地居民也不少。

註 計程車頂多就是美金 5 ～ 10 元，沒必要拿生命開玩笑喔！

歷史悠久的維多利亞瀑布飯店英式下午茶

　　從邊界回辛巴威後，順道去參觀維多利亞瀑布飯店（The Victoria Falls Hotel），這是建於 1905 年辛巴威境內首屈一指的觀光飯店，採英式建築，有著優雅的貴族風格，及殖民時期的豪華氣派，光是英式的庭園造景，大廳牆上的動物標本，還有位於迴廊間擺設的動物皮沙發，就能感受到其奢華。

就算沒有住在這裡，也能到此用餐。飯店的後花園可遠眺維多利亞瀑布大橋及峽谷，視野絕佳。這裡的英式下午茶極為知名，比起香港的半島酒店大廳來得道地且精緻多了，鍍銀的三層餐盤上擺放著各式各樣點心，並提供各式特色茶款以做選擇。但我們一家餓昏了，還是先吃點主食比較實際，他們的披薩及義大利麵也非常美味呢！用餐結束，我帶小饅頭去上廁所，光是廁所的空間及布置，就讓人誤以為是來到哪個歐式大餐廳，小饅頭說光是洗手就覺得自己好像公主啊！

一牆之隔——貧與富之間

經歷過大飯店的巡禮後，小饅頭不解地問我：「為什麼我們不住在這裡呢？」我說在這裡住一晚上，可是要花超過美金 400 元啊！而我們的旅館一晚上只要美金 70 元，我們的錢要花在刀口上才行。小饅頭說：「這些能住在這裡的人，好幸福啊！」是啊！我相信當地辛巴威人，看著能住在大飯店的人，應該也覺得他們太幸福了，目前辛巴威的國民平均所得還不到美金 200 元，要不吃不喝兩年，才能在這裡住上一晚。

一路走回去街上，還是有不少兜售紀念品的小販靠近，因為不想買這些東西，也不想被纏上，所以低頭快速離開，完全不理會他們的叫喊，後來有位年輕人拉住我的手，告訴我其實是我的鏡頭保護鏡掉了，他幫我撿起來要還給我。當下讓我羞愧不已，我竟然以小人之心度君子之腹，跟對方誠懇道歉及道謝後，年輕人則說：「妳瞧，我真的是個好人啊！不如跟我買個東西吧？」隨時不忘做生意，這就是辛巴威。

上帝的魔鬼池

你敢在世界上最危險的泳池游泳嗎？

在非洲旅遊中，除了肯亞獵遊行程，最常被推薦前往的景點，就是位於辛巴威和贊比亞交界處的維多利亞大瀑布了！維多利亞瀑布是世界三大瀑布之一，瀑布頂端還有個魔鬼池，非常適合作為非洲自由行的另一個選擇。

贊比亞魔鬼池介紹

維多利亞大瀑布的頂端有座世界上最令人驚嘆的天然泳池，因為頂端懸崖的邊緣岩石，自然形成一堵天然圍牆，河水奔流速度便會趨緩許多，被岩石擋住的部分，在瀑布頂端形成一個無與倫比的天然水池，落差有 110 公尺，水流以每秒 1,088 立方公尺的高速急流而下，吸引來自世界各地尋求刺激的遊客，被喻為世界上最危險的游泳池「魔鬼池」，也被視為是世界七大自然奇蹟之一。

贊比亞的魔鬼池不能自由前往，一定要透過合格導遊的帶領，並做好相關安全措施，才能一同搭船前往。

魔鬼池適合前往的季節

　　大部分的時候，維多利亞瀑布的水流總是波濤洶湧，尤其是雨季（11 ～ 3 月），因此在雨季時，水池是禁止靠近的，此時進入魔鬼池會立即被水流捲落懸崖；但是如果是在旱季（6 ～ 10 月），水流量是雨季的 1/15，尤其是 9 ～ 10 月，贊比西河的水位夠低，水流減緩很多，上頭水池也會平靜許多，評估狀況後，就會讓遊客在安全人員的陪同之下，沿著瀑布的邊緣行走，進入魔鬼池嬉戲。

魔鬼池遊玩注意事項

　　魔鬼池是受到管制的區域，因此沒有人可以自行前往，一定得透過旅行社或是飯店預約，然後到主辦行程的飯店集合，在飯店的河畔簽下「生死狀」，也就是同意書和人身安全保險，接著由專業人士帶領，搭著小船到瀑布前端的邊緣處。

　　船隻航行時，前方有大量水霧處，就是瀑布的頂端，等船隻停靠後，就得靠雙腳步行了。樹叢的前端有個小帳篷，所有人在喝過迎賓果汁後，就要在此處放下所有的物品及裝備，並脫掉衣服和鞋子，因為接下來就要走進瀑布裡，所有東西都會濕掉，只能帶防水的手機及相機，穿拖鞋或赤腳徒步前往。

　　這段路途需要在岩石上行走，導遊們會在前方及後方協助，確保所有人不會超越邊緣，這條前往魔鬼池的小徑，是一條十分艱難的路途，因為換好泳裝後，就是光著腳丫前進，地上盡是滑溜溜的石塊和雜草，一不小心就會被割傷或是滑倒，所以不得不慎。大約要走個半小時至一小時，一路上都是岩石、水流、雜草及爛泥巴，十分挑戰遊客的決心與極限。

終於，在經歷這一切之後，眼前豁然開朗，見到了令人嘆為觀止的壯觀景象。懸崖邊緣的景色令人振奮，因為你會感受到贊比西河的強大力量從身邊流過，迅速墜入懸崖，整片水霧中傳來震耳欲聾的噴射爆炸聲，這也就是為什麼魔鬼池在當地被稱為「Mosi-oa-Tunya」，像雷霆般轟轟作響的煙霧。

　　瀑布頂端水霧很大，有時候根本張不開眼睛，偶爾換個方向，才能站穩張開眼，但是天幕上頭隨時都掛著個彩虹，真是美極了！站在瀑布頂端，不禁覺得自己好勇敢，想了那麼久的事，居然也能成真了。

↟ 通往魔鬼池的小船，每天都有限定人數，因此若是行程已確定，最好提早預約報名，以免向隅。

↟ 登到瀑布頂端的小島上，要赤腳徒步進入，這對於習慣穿著鞋襪的都市人，是很新鮮的挑戰。

↟ 在有利文斯頓人像標示的牌子旁（圖右），才是可進入的合法區域，因此如果魔鬼池的狀況較危險，會改到旁邊一樣有合法立牌的天使池。

在世界上最危險的魔鬼池游泳

　　當時的氣溫只有攝氏 8 ～ 10 度左右，加上水霧瀰漫，其實真的快凍僵了，在這狀況下還要到瀑布池裡泡著，又是個極危險的池子，真的要勇氣十足。雖然並非雨季，但水流還是有點湍急，魔鬼池裡有拉了一條繩子，萬一真的站不穩被沖走，還可以拉住那條繩子，但看這情形，又讓人更加緊張。進入魔鬼池後，手要抓住旁邊的樹枝，腳要踩穩，因為水池底下不平，有淺有深，石頭又十分濕滑，很容易踩空，一旦滑倒很危險，所以救命的繩子很重要。

　　魔鬼池的邊緣並沒有設置任何的防護措施，因此稍不留神，就可能會隨著湍急的水流被瀑布沖下去，所以為了安全起見，不能所有人都一起過去，得分批進去，讓工作人員得以關注到每一個人。

　　浸泡在魔鬼池裡，可以看見湍急的水流，不斷經過身邊流向懸崖下，那種感覺無以言喻，雖然感覺很冒險，像是在跟死神賭一把，但這種體驗，一生大概也就這麼一次了吧？

　　雖然我們帶小孩一起去，但最終沒有讓她下水體驗，除了危險疑慮之外，當然也是因為實在太冷了，所以讓她先行一步回到先前的帳篷處，喝著她最愛的熱巧克力，以及來到非洲後愛上的熱紅茶。她說：這種行程小孩只需要待在帳篷就好，而且還不停的碎念：為什麼你們兩個要做這麼危險的事 ?!

⬆ 一家人能在上帝的天然水池合影，這經驗難能可貴，因此彩虹也來錦上添花，增加風采。

↟ 當地土話稱魔鬼池為「Mosi-oa-Tunya」，也就是充滿煙霧的瀑布，總是發出雷霆般的轟隆聲響。

↟ 魔鬼池裡拉了一條繩子，萬一站不穩還可以拉住繩子，因為水池底下有淺有深，石頭又十分濕滑，因此救命繩非常重要。

↟ 挑戰過後，會回到帳篷裡，享用一頓簡單的下午茶點，一邊取暖，一邊慶祝大家凱旋而歸。

贊比西河上的落日巡航
浪漫無限的夕陽郵輪之旅

　　流經辛巴威與贊比亞邊界的贊比西河，靠近維多利亞瀑布這段流域，兩邊的旅遊業者的生計都圍繞著這裡。日落時分在贊比西河搭遊輪，是這裡流行的悠閒娛樂方式，在壯闊的天幕之下觀賞日落，以及贊比西河上的河馬和大象，一邊啖著飲料及餐點，這是非常愉快的享受。

↑漸漸日落了，河上波光粼粼，像是灑滿金粉，變得富麗堂皇。

沒有搭過贊比西河日落巡航，就不算來過維多利亞瀑布

　　在辛巴威及贊比亞玩了一圈之後，更加認同這句話，來到維多利亞瀑布區，怎能不感受一下贊比西河的美麗！這個著名的旅遊活動—贊比西河落日巡航（Zambezi River Sunset Cruise），不論是維多利亞瀑布城（辛巴威），還是利文斯頓（贊比亞）的各個旅行社，都有這項活動可供選擇，差別在於巡航的遊輪種類，有些是豪華郵輪可以在船上飲品喝到飽，有些則是較為便宜的船隻。

↑ 夕陽郵輪之旅的航程，是在瀑布區的上游路段，贊比西河畔的乘船處會有服務人員指引。

↑ 這艘船只有我們一家三口搭乘，完全像是土豪般，闊氣地包了整艘船。

　　如果我單身（幻想），我一定會訂購豪華郵輪那種，看起來就氣派，心情也愉悅，上去船上喝到飽，還能去認識新朋友，練練破英文；但是今天我們一家有三口，買票的錢是單身的 2.5 倍（小孩半價），歐巴桑心態作祟，總覺得這樣花錢花不下去，最後訂了最便宜最小的遊船，大人美金 50 元，小孩美金 25 元。

　　反正不就是遊贊比西河嘛！不管搭哪種的遊船，都是在同一條河上，不是嗎？這種節儉又樂觀的想法，才能好好省錢存下一筆的旅費啊！

◄ 巡航的遊輪有像我們這種
陽春款的，也有些是豪華型
的郵輪，可以在船上酒類飲
品喝到飽，食物吃到飽。

↑ 贊比西河上的景致，大概就屬這時候最美麗了吧？

伴著夕陽搭郵輪，邂逅岸邊野生動物

　　這段航程是在瀑布區上游大約三公里處開始，會由旅行公司的車子接送載往乘船處。看見我們所要搭乘的遊船，其實看起來也不小呢！（自我安慰）而且整艘船居然只有我們一家三口，比工作人員還多！這是塞翁失馬嗎？因為沒錢搭豪華遊輪，卻意外地包了船，三個人獨享整艘船的空間。小饅頭超開心啊！這時候的她還很喜歡搭船，因為河上風平浪靜，很愜意悠閒，不會讓人不適，這應該算是最適合銀髮族的活動了吧？開船後，船上服務人員會來送上飲料，只要船上有的飲品，都可以自由選擇，當然要喝啤酒，也是有的。

↑ 船上提供輕食與飲料，可以無限暢飲。

　　整段航程大約兩個半小時，沿途風光明媚，可以看到贊比西河兩側的原始景觀，鱷魚和河馬是最容易看到的，這條國界河，分開了贊比亞和辛巴威，感覺遊走在兩國間，有一直在出國的美麗誤會啊！沿途遇到好幾個象群，還有可愛的河馬家族，傍晚是動物們出來喝水覓食的時候，所以遇見動物的機率很高。原來大象很會游泳，也很會大便，小饅頭邊吃點心，邊看大象大便，足足看了快三分鐘，如廁結束後，這群大象便游泳到另一側的岸邊，看牠們游泳的姿態，十分輕鬆愜意，果然大象是游泳好手呢！河裡的河馬家族吼聲好大，一直狂怒吼，不知道是不是覺得大家妨礙到牠們休息了呢？其實河裡的鱷魚也不少，整個贊比西河看似風平浪靜，但其實是暗潮洶湧啊！

↑ 一開船就看到大象家族在贊比西河的中島玩耍，甚至還上起廁所了，味道飄過來，小饅頭一直嚷嚷著好臭啊！

塞翁失馬，焉知非福

　　在贊比西河上乘船遊覽風光，觀看兩岸的草原和樹林，也一窺岸邊、水上或空中的野生動物，一邊喝著飲料十分輕鬆惬意，覺得工作辛勞時，能這樣犒賞自己，真是幸福啊！我心滿意足了～漸漸地，時間已到黃昏日落時分，看著夕陽逐漸西下消失在地平線，贊比西河上波光瀲灩，整個色彩變化萬千，讓人目眩神迷，一連拍了無數張的照片及影片，才依依不捨地上岸。

　　這天一整天都待在贊比西河上，早上去泛舟、野餐，下午搭上遊船去欣賞夕陽，無心插柳的情況下根本就是包船遊玩了，看著別艘船滿滿的人潮，頓時覺得自己悠閒不少。贊比西河的日落真美，好想一直待在船上不想離開，只可惜小饅頭不懂這悠閒，在船上時，只是不停地一直吃，連船員都覺得她很喜感，果然就是個諧星角色。

➥ 小饅頭不懂坐船的惬意，沒動物可看時，她便開始悠哉地吃起零食，也算是另類的遊船體驗。

↑ 這群大象游泳渡河，十分輕鬆的樣子，看來各個都是游泳高手呢！

↑ 除了大象，贊比西河上最多的，要算是河馬了，到處都可以聽見河馬的怒吼聲，不知是不是看見太多遊船生氣了？

贊比亞旅行全攻略

注意事項總整理

❀ 贊比亞簽證辦理

臺灣人到贊比亞旅遊，須辦理電子簽證，有單次與多次簽證可申辦，大部分申請後，三五天就能拿到憑證，也有不到一天就拿到的例子，但是贊比亞網站不穩，有時會有狀況，因此還是需要預留一些時間，若是遲遲沒收到憑證，就要再上網申請一次。

1. 線上簽證網址：

evisa.zambiaimmigration.gov.zm

線上申請贊比亞簽證十分簡單，只有三大步驟：帳號註冊、申請並上傳資料，以及再次確認。在網站上依序填入護照號碼、國籍、此行目的、簽證類型（單次或雙次），依照網頁指示輸入，並上傳護照影本圖片檔、證件照、機票影本及訂房證明文件，只要在線上完成申請步驟，電子簽證的持有人在抵達贊比亞的入境口岸時，再支付相關簽證費用即可（單次簽證費用 50 美元，以現鈔支付；12 歲以下的兒童也需要申辦簽證，不過不需繳費，在申請大人簽證時，附加填寫在大人表格之後即可）。

填寫完畢送出後，電子信箱會收到一封確認信，必須在一小時內按下動態連結，才算申請完成，接著等待三至五個工作天簽證的核發。

2. 簽證準備資料如下：

(1) Passport copy 護照照片頁。

(2) Cover letter。

(3) Hotel booking 旅館訂房證明。

(4) Copy of return air ticket 往返機票。

(5) Passport sized photo 護照用照片。

註 第二條的文件「cover letter」說明：這個是要寫封電子郵件給移民局局長（director gerneral of immgaration），簡要說明個人資料、旅遊目的、旅遊行程及天數等。郵件送出後，將此電子郵件列印並簽名，再掃描上傳。

收到電子簽證後，保險起見，最好直接列印出來帶著，也可以把簽證存入手機中，在地勤或海關詢問而需要出示證明時，那麼不管是紙本文件，或是彩色正本文件都能提供備查了。

↑ 贊比亞的利文斯頓機場（Harry Mwanga Nkumbula International Airport）距離市區很近，往來南部非洲各個城市的航班也不少。

↑ 英國航空是往來南部非洲許多城市的班機選擇之一，飛機不大，沒有空橋接駁，須自行上下機。

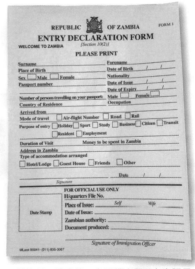

↑ 線上申請的贊比亞簽證，直接列印下來，等過海關時與護照一同遞出繳交。

↑ 贊比亞入境表格，在飛機上即可向空服員索取填寫，下機後交給海關人員。

← 入境時再支付簽證費用，一家人一同支付，領取一張繳費證明，即可入境。

❀ 瘧疾用藥

贊比亞也是屬於黃熱病與瘧疾的疫區,前往旅遊需準備國際預防接種證明書備查,另外還要定時服用瘧疾用藥,沒有施打過 A 型肝炎疫苗的朋友,最好出發前也一併施打,以免遭受感染。

在特定醫院的旅遊醫學門診問診後,填寫「領用瘧疾藥品同意書」,經由醫師開立瘧疾藥,藥物有分一天吃一顆的,也有一星期吃一顆的,而且瘧疾用藥必須在出發前兩星期就要開始服用,回國後,還要繼續再吃兩至三星期才算完整,因為瘧疾的潛伏期很長,通常被感染後的 30 天才會出現症狀,所以一定必須要把所有的藥都吃完,才算完成抗瘧疾的用藥療程。

大部分的人怕麻煩,也擔心會忘記吃藥,所以選擇一星期吃一顆的瘧疾用藥(奎寧),但是,那顆藥丸一顆就要臺幣 180 元,出發前兩週吃,旅遊兩週,回來再兩週,總共一個人的瘧疾藥就要花上臺幣 1,080 元啊!回頭看看價目表上,一天吃一顆的瘧疾用藥,一顆只要臺幣一塊錢,六週也才花 42 元,掂掂自己的斤兩後,決定小饅頭吃奎寧,一週吃一顆,我們大人就辛苦一點,相互提醒,一天吃一顆,節省一點旅費。

不過,現在事後想想,還是別省那一兩千元了,每天要吃一顆藥,真的是很容易被遺忘,回國後緊接著上班,還要記得服藥,真是太辛苦了啊!而且以藥丸的味道來看,奎寧還是比較好一點,雖然難吃,但小小一顆很快就能吞進肚,比較不會殘留味道在口中,就不容易想吐,千金難買早知道啊!

◀ 贊比亞屬於黃熱病與瘧疾的疫區,因此除了要備妥黃皮書外,還要定時服用瘧疾用藥,以免遭受感染。

☸ 使用貨幣

贊比亞有自己的國家貨幣（Kwacha），美金 1 元大約可換 10 kwacha，但是因為利文斯頓是觀光小鎮，因此鎮上流通的貨幣，多為美金、歐元及南非蘭特幣，如果只到利文斯頓旅遊，不一定要去兌換贊比亞貨幣，以美金或歐元交易即可（美金會比較好，當地人愛美金）。

☸ 上網通訊

機場櫃檯可以購買手機上網的 SIM 卡，購買網卡需要出示護照，選好適合的上網費率之後（美金 5 ～ 10 元左右，很便宜），櫃檯人員會協助設定，設定完成即可上網。如果不買網卡，各大飯店、旅館及餐廳也都有提供免費的 Wi-Fi 上網，不過網路的速度不一，有時很流暢迅速，有時會一直收不到訊號，而且也無法使用國際漫遊喔！

☸ 語言問題

贊比亞的官方語言為英文，因此所有的招牌指示、地名路標、餐廳菜單及觀光指南都是以英文標示，利文斯頓的居民因為與觀光客相處已久，也都會說流利的英文甚至一點點的中文，因此語言問題不大。

☸ 插座及時差

贊比亞的插頭型式是三孔式的，上直下橫，因為早期是英國殖民地，所以與英國的規格相同；時差則是晚臺灣六小時，也就是臺灣時間已經下午六點了，贊比亞剛好是中午十二點。

☸ 電源與電壓

電壓標準：220 ～ 230 V；頻率：50 Hz。

↑ 插座一樣是英式規格的三孔插座，上直下橫，廁所內的吹風機插座，則是有兩孔設計，沒有轉接頭的話，可以在廁所使用。

❀ 氣候及溫度

贊比亞屬於熱帶草原氣候，因位於海拔 1,000 ～ 1,300 公尺的台地，氣溫比起其他非洲國家較為舒適涼爽。全年分為三季，5 ～ 8 月為乾冷季，氣溫為攝氏 15 ～ 25 度之間；9 ～ 11 月為乾熱季，氣溫為攝氏 26 ～ 33 度之間；12 ～ 4 月為雨季，氣溫為攝氏 26 ～ 32 度之間，是全年降雨量集中的季節。因為氣候溫和，全年皆可穿著夏裝，只有在日夜溫差大的時候，需添加外套。

❀ 飲食及衣著方面

在非洲的飲食，最重要的條件就是不要生食，一定要吃全熟的食物，飲用水方面，除了在大飯店裡可以直接喝餐廳給的水，其餘時候最好還是喝自己購買的瓶裝水比較安心。吃飯前一定要先洗過手，或以潔手液（酒精棉片亦可）消毒，避免不知名的疾病從口入。

衣服盡量穿大地色系，避免吸引蚊蟲或動物靠近，另外要準備含有 DDT 成分的防蚊液，每天出門活動前，記得先噴灑在脖子、手腳及衣服上，每兩個小時補噴一次，頭臉部則是戴帽子、戴口罩及太陽眼鏡來防範。

❀ 當地交通

贊比亞對外交通有路薩卡國際機場，與鄰國間也有鐵路與客運相通，當地沒有大眾運輸工具，當地居民幾乎都是步行，真正有車階級也少，因此交通接駁大部分都需要包車或是搭乘計程車，事先詢價或是透過飯店叫好車子，可以避免不合理的收費。只要預訂了飯店，飯店就會詢問是否需要機場接送，價格不貴，介於美金 5 ～ 10 元之間，所以不用為此多煩惱。

↑ 出了機場，就會看見許多司機拿著姓名牌子等人，因為沒有大眾運輸工具，所以往返機場都必須靠專車接駁。

✿ 住宿

1. Green Tree Lodge（格林豪山林小屋）

這是位於熱帶果樹林間的小木屋住宿，距離機場只有 5 分鐘車程，每個小木屋都有獨立的空間及花園景致，可以坐在露臺上享用豐盛的早餐。一晚上的雙人房費用，大約美金 85 元。

地址：2015 Kombe Drive, 10000
　　　Livingstone, Zambia

2. LePatino Bed & Breakfast（帕蒂諾民宿）

這裡整體感覺非常美好，環境幽雅舒適，房間寬敞又乾淨，還貼心幫忙加床，設施齊全，早餐也美味，是一次非常棒的住宿體驗。一晚上的雙人房費用，只要美金 35 元。

地址：4634 Nehru Way off Mutelo street,
　　　23345 Livingstone, Zambia

3. Bushbuck River House（羚羊河山林小屋）

這間擁有靜謐悠閒環境的住宿，隱身在贊比西河畔，距離利文斯頓約有半小時車程。工作人員服務周到，房間寬敞舒適，可以完全的放鬆身心。一晚的雙人房費用，大約美金 200 ～ 250 元。

地址：Plot 1607 Liyoyelo Farm,
　　　Off Nakatindi Road, 10000
　　　Livingstone, Zambia

↑ 看看這規模就是標準的非洲風格，不管多大多小的飯店或旅館，一定都要來個游泳池設計才甘心。

TIPS

在贊比亞或是辛巴威旅遊，盡量不要單獨外出，尤其是夜晚；參加旅遊行程時，也不要走在最後或是落單脫隊，除了避免被宵小注意或是被小販纏上之外，野生動物的襲擊也不可不慎。

↑ 我們訂的 LePatino 民宿,三人一晚上只要一千臺幣左右,還主動來幫我們加床,離 MUKUNI PARK CURIO MARKET 購物商場也很近,非常超值。

↑ LePatino 民宿,早餐還能客製化,依自己喜歡的方式做蛋料理,要歐姆蛋、奶油炒蛋、荷包蛋還是水煮蛋都可以。

↑ 來到贊比亞,一定要去試試魔鬼池跳水,考驗一下自己的膽識。

笑容的背後，看見辛巴威人的知足及惜福。

Part 4

辛巴威

辛巴威概況
擁有一百兆貨幣的國度

促成辛巴威旅行的原因是一則新聞上的照片，讓我對令人驚嘆的維多利亞瀑布，有了美好的第一印象，新聞裡還寫著，非洲南部的小國辛巴威共和國（Republic of Zimbabwe），最近該國有將近三百萬人陷入饑荒，但是辛巴威總統卻豪擲 80 萬美元（約臺幣 2,500 萬元）來慶祝他的生日，甚至還希望把他的生辰定為國定假日，這真是離譜到無法置信，但它卻是真實的存在。而這位辛巴威總統已經當了三十年的總統了，2018 年終於總統改選，不過也讓辛巴威又陷入另一種的社會問題當中。

舊辛巴威幣已無法使用，新貨幣卻也乏人問津

辛巴威在 1980 年正式獨立建國後，推行土地改革後，卻面臨了惡性通貨膨脹，難以維持貨幣價值，導致辛巴威幣值狂貶，貨幣金額越來越大，出現了一張一百兆的紙鈔，只好全面停用舊貨幣，重新發行新貨幣，使得舊貨幣變成了廢紙，而新貨幣也無法使人民信任，紛紛改為使用鄰國的南非幣、美金及歐元，來進行各項交易。

新的辛巴威幣，幣值與美金大約是 1：1，偶爾會看見當地人使用，不過多半是你拿美金給他，他找你的錢為辛巴威幣，感覺是以幣換幣的概念，所以如果不想拿到無法流通的辛巴威幣，最好在找錢時，當下仔細確認，跟櫃檯換回來。但是舊的辛巴威幣就不同了，因為幣值動輒就是數百億、數十兆的幣值，光是拿在手上，看了就會讓人覺得像是在玩大富翁啊！所以來到辛巴威旅遊，一定要「買」個幾張舊辛巴威紙鈔回家做紀念。

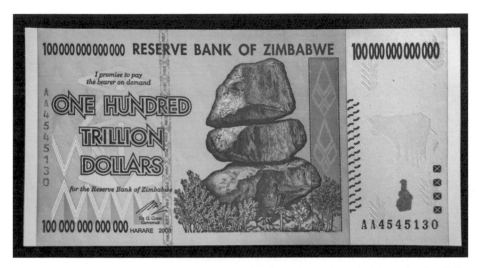

↑ 辛巴威發行的最大幣值的紙鈔,一張一百兆元,上頭總共有 14 個零,不過已變成紀念品,讓遊客們收藏。

全國觀光發展,全靠維多利亞瀑布城

　　辛巴威的經濟狀況不佳,農牧礦業的發展也有限,因此這幾年都極力地發展觀光,尤其是維多利亞瀑布城,整個城鎮的經濟命脈就是瀑布區,飯店、餐館、購物商場全繞著瀑布周圍建造,這裡也是全國 90％觀光客的所到之處,是該國的最大旅遊勝地,當時新聞畫面中的瀑布壯闊景觀,讓人印象深刻、難以忘懷,當下我便即刻研究了一下這個國家旅遊的可行性,搜尋之後安心許多,因為發現原來這裡是蠻多歐美旅客會選擇的旅遊地點呢!

　　維多利亞瀑布城雖然是辛巴威的觀光重鎮,不過有許多的戶外活動與極限運動都還是歐美公司在經營管理,許多旅行社也是隸屬在歐美的大公司旗下,從業人員的專業度有一定的品質保證,也都能說著一口流利的英語,因此到辛巴威旅遊,不用擔心溝通問題。

🔺 維多利亞瀑布被國際
知名的國家地理旅行者
（National Geographic
Traveller）評選為 2019
年的前二十大觀光地，居
非洲之冠。

➡ 被當地方言稱為「巨大
的河流」的贊比西河，是
非洲第四長的河流，河上
風光明媚，日落時分吸引
許多觀光客搭乘遊船，感
受此地的寧靜與美麗。

🔺 維多利亞瀑布太大，最好的觀賞角度就是搭
乘直升機，從高空俯瞰瀑布，歷時為 15 ～ 30
分鐘。

🔺 贊比西河還能泛舟，搭乘獨木舟，搖著划槳，漫遊河
上，享受愜意的度假氛圍。

辛巴威的國家巨星塞西爾

　　萬基國家公園是辛巴威境內最大的自然保護區，這個野生國家公園位於西部，在前往維多利亞瀑布的主要道路上，這個國家公園內有隻全國家喻戶曉的明星獅王，名叫「塞西爾」（Cecil），牠帥氣大方，在鏡頭前絲毫不怯場，使牠深受遊客的喜愛，能在野生國家公園內捕捉到塞西爾的風采，是遊客及攝影家們的夢想。

　　在 2015 年 7 月 1 日，有位喜歡打獵的美國牙醫師，他以五萬美金的代價，聘請專業的獵人和導遊，帶領他到公園附近狩獵，因為在公園內狩獵是非法的行為，因此當他們發現了獅子塞西爾後，用動物屍體作餌，綁在吉普車後方拖行，引誘塞西爾主動離開公園的範圍，再殘忍地殺害了牠，將牠砍頭剝皮製成標本。

這隻十三歲的獅子被獵殺後，全世界的社交媒體廣泛報導，引起國際社會譴責及憤慨，迫使辛巴威政府嚴格取締打獵行為。雖然塞西爾之死令人惋惜，但使得國際社會正視野生動物的保護工作，造福了後代，也算是死有重於泰山了。

↑ 獅子是辛巴威的象徵動物，因此野生動物園內的公獅都是辛巴威人的驕傲，自從發生過盜獵事件後，當地政府對於野生動物的保護，就更加嚴格看管了。

維多利亞瀑布國家公園
跨越國界的浩瀚瀑布

　　維多利亞瀑布是世界上最大的瀑布之一，有趣的是，世界三大瀑布都跨越兩國的邊境，伊瓜蘇瀑布，跨越巴西及阿根廷邊境；維多利亞瀑布，跨越辛巴威及贊比亞邊境；而尼加拉瀑布，則是跨越了美國及加拿大的邊境。

　　因為是跨越邊界的瀑布，因此兩個國家都能欣賞瀑布之美，如果能兩國都旅行，由不同國家的角度來感受瀑布的壯闊，那就太完美了。但通常事與願違，能選擇其中一國已屬幸福，怎麼可能兩國都去，兩國都觀賞呢？但是維多利亞瀑布就有可能可以做到，因為由瀑布端過邊境到另一邊國家的距離，是這三大瀑布中最短的一個，所以非常值得兩國的國家公園都走一遭喔！

↟一瀉而下的瀑布，澎湃洶湧，在雨季時更加無法靠近，對面的瀑布頂端，就是魔鬼池的地點。

維多利亞瀑布國家公園尋幽探訪

在維多利亞瀑布區的住宿，很多都是在林間小道，若是落腳處的地點離國家公園較遠，就必須搭計程車前往；反之，如果住在街市上，靠近瀑布橋周邊，就可以步行前往。

在國家公園門口付費過後，就能拿取導覽及雨衣進入。遊客中心內有數個介紹公園自然地理構造，以及野生動物資訊的看板，同時也介紹了世界三大瀑布。雖然7、8月間正是辛巴威的乾季，公園步道內仍有多處因瀑布水花造成地面濕滑或積水，而且公園的各個觀賞步道眾多，有些步道其實是沒有任何護欄或是防護設施，如果一個不小心打滑，其實會很危險，因此在專心拍照之餘，也要留心自己的腳步。

↑ 維多利亞瀑布國家公園門口，有許多計程車在旁等候，從市區到公園很近，步行即可，就算是搭乘計程車過來，大約也是美金 5 ～ 10 元左右。

↑ 外國旅客的入園費用，一人美金 30 元，小朋友免費入園（2018 年 5 月票價）。

另外，因為水勢太大，整個國家公園就像在下大雨般，因此大多數人會穿著雨衣、雨鞋或防滑鞋，以防全身濕透或滑倒；隨身物品也要放入背包內收好，相機保護好，以免損壞，也避免被猿猴覬覦。

維多利亞瀑布區動物的分布十分多樣化，在公園行走時，遇見動物是很正常的，記得別輕易與牠們互動，不要傷害牠們，也不要餵食，以免造成後續的困擾與危險。

猴子或狒狒對於人類的塑膠袋很感興趣，可能以為裡面有食物，因此不要把物品放在手提袋中，盡量全收進背包內，否則被搶走時，也無從搶奪回來。

↑ 維多利亞公園內的狒狒，對於人類的物品很感興趣，也許是想要找食物，所以盡量不要帶手提袋，以免被鎖定跟蹤，盡量把物品都收進後背包內，以免被狒狒搶走。

瀑布的壯闊水勢，只憑照片實在很難描繪清楚，瀑布水流撞擊產生的水氣，全都變成了細雨，劈頭蓋臉的不停打向遊客，已經穿上雨衣了，仍因為瀑布水勢太大，一直被水花襲擊，簡直就是條瘋狂之路，但小孩卻走得好開心啊！可能是第一次可以光明正大的淋雨吧～遠處一瀉而下的瀑布，澎湃洶湧，沒有親臨現場很難體會，也只能從錄下的影片中去感受一二了。

↑ 可能是第一次可以光明正大的淋雨，所以小饅頭超興奮，穿著園區提供的雨衣，迎向瀑布產生的水氣，細雨打在臉上身上，邊尖叫邊玩耍，好開心啊！

↑ 公園內有餐廳提供餐食及休憩，不過因為是開放空間，一直有狒狒跑進來，加上又有許多昆蟲在身旁爬來爬去的，如果不喜歡大自然的人，應該會很不習慣。

↑ 公園內的餐點口味十分西式，小饅頭說要告訴大家，這裡的食物是小朋友會喜歡的口味喔！

← 聲勢浩大的維多利亞瀑布，只憑照片實在很難描繪清楚，因為瀑布占地太廣太過寬闊，每個觀景處僅能窺見一二。

→ 維多利亞瀑布公園的步道很多，園區有導覽指示，走在步道內，就能聽見遠處瀑布的轟隆巨響，甚至不斷被水花襲擊。

這幾天在辛巴威的感受，發現這裡的蚊子比肯亞少太多了，所以防蚊液幾乎都沒派上用場，路上看到動物的機率，也出乎意料的高，辛巴威的路上只有斑馬而沒有斑馬線啊！在這裡看見斑馬，比看到斑馬線的機率高很多，實在太有趣了～

因為這幾天來接送的司機不完全是同一人，因此小饅頭說她好困擾啊！總是問著：「這個人跟昨天那個人是同一個人嗎？他們實在都長太像了…」但讓我很在意的則是，我們的地陪看似成熟穩重，但卻居然只有 20 歲，我跟他媽媽同年紀也太讓人傷心了。

TIPS

1. 維多利亞瀑布國家公園
入園費：外國旅客美金 30 元／人（截至 2018 年 5 月）
付款方式：美金、歐元或信用卡（VISA）。
冬季開放時間：上午 6 點半至下午 6 點
夏季開放時間：上午 6 點至下午 6 點
交通：鎮上沒有大眾運輸，必須搭乘計程車或步行，市區到維多利亞瀑布國家公園，一趟美金
　　　5 元。

2. 贊比亞的莫西奧圖尼亞國家公園
入園費：外國旅客美金 20 元／人（截至 2018 年 5 月）
付款方式：美金、歐元或信用卡（VISA）。
交通：鎮上沒有大眾運輸，距離利文斯頓鎮約有 10 公里，必須搭乘計程車前往。與辛巴威的維
　　　多利亞瀑布相比，這個公園的遊客人數少了許多，因為瀑布區比較小的緣故，但是入園
　　　費也相對便宜。

直升機獵遊之旅
奢侈登上直昇機,以天神視野去感受吧!

被票選為世界七大自然奇觀之一

　　這座氣勢恢弘的維多利亞瀑布,位於南部非洲的最大河流一贊比西河之上,大家會把它跟伊瓜蘇瀑布(巴西與阿根廷交界)和尼加拉瀑布(美國與加拿大交界)相提並論,這三個齊名的大瀑布,都是跨國大瀑布,在瀑布兩端的國家,都能欣賞到瀑布的不同美景。不管是在辛巴威,還是贊比亞,只要花個一百多美金,就能搭上直昇機遠眺,俯瞰整個維多利亞瀑布區。

瀑布的雄偉壯闊．俯瞰最震撼

　　寬達一千多公尺的瀑布,在地面上完全無法看到全景,唯一的辦法,就是搭乘熱氣球或是直升機,直接來到瀑布頂端,因為高空的視野開闊,瀑布全貌一覽無遺,這樣的體驗絕對震撼。在高空上除了能一覽瀑布的氣勢磅礴外,還能清楚看見橫跨辛巴威與贊比亞兩國間的鐵路橋一維多利亞瀑布大橋。

　　直升機再飛遠一點,還能看見維多利亞瀑布國家公園的眾多野生動物,不僅有非洲象、疣豬、非洲野牛,還有地表上最美麗的長頸鹿,不僅如此,仔細往瀑布上游看,有時還能看到河馬群或是鱷魚喔!

↑這整片好寬闊的河岸，就是非洲第四大河流—贊比西河。

↑ 維多利亞瀑布上的這座鐵道橋，成為照片上的焦點。

↟ 從空中遠眺，可以看見整個維多利亞瀑布煙霧瀰漫，這些都是瀑布衝擊之下所造成的水氣，感覺更像是仙境了。

搭乘直升機遊覽瀑布—以分計價

在辛巴威的直升機遊覽行程，是由一間專業的飛行公司在打理所有相關的活動，不論是跟旅行社、飯店，還是路上兜售行程的掮客，前往搭乘的直升機公司都是同一家，這樣的飛行活動，全都含接送，會在約定時間內到飯店接客人前往。

行程分為兩種價格，飛行時間為 15 分鐘，或是 30 分鐘兩種，價格也差近兩倍。15 分鐘的行程是只有在瀑布頂端飛行，繞一圈瀑布就飛回來；而 30 分鐘的行程則是會飛過維多利亞瀑布國家公園，可以看見底下的動物群，有搭直升機獵遊的感覺，因此許多歐美人士會喜歡這種行程，感覺很划算，能觀賞瀑布，又能高空獵遊。

意料之外的飛行經驗—歐美喜好大不同

但是費用實在太高，我們一家就得付出三倍的費用（人頭計價），加上已經在肯亞獵遊過了，曾經滄海難為水，我只想看瀑布。沒想到，事情並非我們想得如此簡單，由於飛行成本高昂，一架飛機要坐滿四人才會起飛，因為大部分的人都是選擇 30 分鐘的行程，因此現場一架架等待起飛的直升機，都是坐滿要觀賞 30 分鐘的遊客，我們一家三口只能痴痴等待第四位有緣人才能起飛。

在飛行前，會有專業人員播放影片及講解注意事項，當專屬直升機準備要降落時，就會有人引導前往停機坪上機，坐定位繫好安全帶後，就會起飛。不一會兒，就來到維多利亞瀑布頂端，為了使每一邊位置的遊客都能拍攝到精采壯觀的俯瞰畫面，直升機會在原地打轉，使大家都能拍得盡興、拍到心滿意足再回家。

搭上直升機俯瞰整個維多利亞瀑布區,大概是前來辛巴威旅遊中,最豪華奢侈的旅遊體驗了。

直升機航程分為兩種,只花 15 分鐘環繞維多利亞瀑布一圈的短程飛行,以及花 30 分鐘再繞到辛巴威國家公園俯瞰野生動物的長程飛行,這兩種飛行體驗都很受遊客歡迎。

小饅頭是第一次搭乘直升機,所以格外興奮,一架直升機只載了四個人,果然是專屬的私人體驗。

我選擇錄影,把相機交給小孩,沒想到她也拍出了好幾張不錯的照片。

以天神視野，
感受瀑布的美好

　　第一次的直升機飛行經驗就給了維多利亞瀑布，光是升空就讓人激動不已，等到飛行靠近瀑布時，在天空遠遠的眺望俯瞰，就足以讓人感受到它的魅力，寬廣的瀑布上空，還不時掛著一道彩虹，因此所有人的相機全都忍不住瘋狂連拍，深怕錯過壯闊的瀑布斷崖與美麗的虹彩。

　　很快地，15 分鐘的時間咻一下就結束了，直升機又回到出發地，此時貼心的工作人員會獻上全程為大家拍攝的影片，時間大約是 7 ～ 8 分鐘，若是覺得自己拍攝的景觀不夠漂亮，可以考慮花個 30 美金買下它。

↑ 如果只能選一側來觀賞維多利亞瀑布的話，占地 80％ 的辛巴威是較佳的選擇。

辛巴威農村與都市
一百億只能買 3 顆雞蛋

可與國際接軌的大城市—哈拉雷

　　辛巴威的首都哈拉雷（Harare），是世界最大的菸草集散市場之一，商業活動繁榮，有許多各國的工廠在此進駐，因為當初是白人建造的城市，因此街景十分西化，公園綠地環繞，環境優美。

　　辛巴威以奇石聞名於世，到處可見許多因風化而成的奇特巨石，哈拉雷市郊有個「平衡石公園」，一塊塊重達數噸的石頭，就這樣屹立在公園各個角落，以特殊的狀態堆砌著，堪稱自然奇觀，其中有個船形巨石，是由三塊巨石堆疊而成，更是被印在辛巴威的紙幣上，成為辛巴威的國家代表標幟，這款紙幣更是成了到辛巴威旅遊的必買收藏品之一。

　　不過能在市區生活的畢竟是少數，大部分的辛巴威人，都無法住在首都市區，不過也離得不遠，能在觀光區或是首都哈拉雷買房子的，都是不可思議的有錢人或是投資客，因為辛巴威人民的平均所得，一個月大約只有美金60 ～ 80 元，而隨便一間兩房公寓的房價，就要幾十萬美金以上，根本無法置產。辛巴威的朋友聽見臺灣人的國民平均所得後，覺得十分驚訝，他說你們都說買不起房了，更何況是我們呢？在聽過香港朋友的處境及辛巴威朋友的故事後，突然覺得自己實在幸福許多。

↑ 特殊的自然景觀平衡石，是由巨石堆疊而成，被印在辛巴威紙幣上，成為辛巴威的代表標幟。

嚴重通貨膨脹及經濟崩盤

　　辛巴威獨立後，由黑人執政，錯誤的政策方向及土地改革，讓它付出慘痛的社會和經濟代價，成了非洲最貧窮的國家之一，許多基礎民生需求匱乏，由於長期積欠外債，政府卻以大量印製新鈔來填補財政上的赤字作為回應，卻導致嚴重的通貨膨脹與幣值大幅貶值，經濟急速崩盤，失業率高達80％。當時的 100 億辛巴威幣，只能買到 3 顆雞蛋；娶一個辛巴威新娘，也只需要 3 隻羊就夠；甚至 100 兆元的紙鈔，只能買到半條吐司，如此誇張荒誕的情景，卻真實的在辛巴威社會上演。由於貨幣貶值太快，大家不願接收貨幣，寧願以物換物，認為麵包比現金更為值錢。

　　最後辛巴威政府終於在 2008 年的 8 月，重新發行新鈔，取消 10 個零，把當時的一百億元，重估幣值，變成 1 元，但是人民已經不相信自己國家的貨幣幣值，還是習慣以美金和南非幣取代本國貨幣使用。現在的辛巴威新貨幣，與美金的幣值大約是 1：1，不過當地居民只願意接收美金、歐元及南非幣來交易，所以前往辛巴威旅遊，不用換匯，直接使用美金即可。

↑ 哈拉雷商業活動繁榮，街景十分西化，房價居高不下，買房簡直天方夜譚。

農村自給自足，仍為一夫多妻制

　　遠離首都，就會看見真正的辛巴威面貌。大部分的辛巴威人，落入貧窮的惡性循環，人們忍飢挨餓，幾乎都是過著自給自足、以物易物的生活。大部分農村屋舍都是人們手工搭建而成，只求能遮風避雨就好，欠缺基本的電力系統，也無任何的醫療照護，在教育方面也僅只有最基礎的課程。

　　辛巴威政府會給予農民一塊土地，在上頭自建屋舍及耕作，土地所有權屬於政府，農民則可以各憑本事努力生產，大部分的農民除了種植作物外，也會自己豢養羊隻及畜養雞鴨，以維持自給自足的生活；耕種的作物收成後，也會拿來販售或是以物易物，換取其他生活所需物品及食物，他們會在熱鬧的路邊擺攤販賣，或者跟旁邊的攤販交易，完全沒有看到金錢流通的狀況，形成很有趣的畫面。

↑ 農村屋舍都是手工建造而成，只求能遮風避雨，欠缺基本的電力系統。

由於農耕及畜牧的工作繁忙，加上操持家務及照顧幼兒等需求，因此辛巴威農村的男人多半不只娶一位妻子，家裡人口多，才能共同協助養家，分工合作，各司其職的結果，大部分的家庭氣氛大致是和諧的。我們看到的幾個辛巴威農村家庭，幼兒們都是一同照顧撫養，女人們也一同做飯、趕雞養鴨的，相處融洽一派和諧；反倒是一家之主回來後，躺在地上發呆休息或睡覺，完全不在意家裡瑣事，也聽不見小孩的啼哭，這點倒是跟臺灣的已婚男人有異曲同工之妙。

↑ 辛巴威的女人，頭頂都很會頂重物，再重都往頭上放。

↑ 作物收成後，除了自用外，也會拿來以物易物或是擺攤販售。

一窺農村屋舍的神祕面紗

　　辛巴威的學校不多，大部分的小朋友都是步行上學，每日大約要往返6～10公里的路途去上學，在孩子上學之後，就是農村媽媽辛苦一天的開始了。

　　他們的廁所是自行建造的，所有的炊具及鍋碗瓢盆也是自行打造，就在外面的中庭空地煮飯、洗衣、曬衣、休憩，每一個妻子都有一間自己的臥室，自己的幼兒就一同居住，大了之後才會跟其他孩子一起睡。房間裡面有自己親手做的梳妝檯和衣櫃，還有最重要的蚊帳，因為黃熱病、瘧疾等各種疾病盛行，所以防蚊是辛巴威一大要事。房門外還會種植防蛇蟲的植物，用植物的氣味，讓蛇及其他有毒昆蟲不敢靠近。

↑ 所有的炊具及鍋碗瓢盆大都自行打造，連廁所都是自己建蓋，非常厲害。

　　走完農村一圈後，除了發現許多辛巴威人的智慧及巧思，也感受到了處於極度貧窮的國家，但是卻知足懂得珍惜生活的幸福。

↑ 地方媽媽好親切，除了讓我偷窺臥室之外，還給我看她的私藏品。

↑ 在房門外會種植有特殊氣味的植物，讓蛇及其他有毒昆蟲不敢靠近。

← 我和地方媽媽的衣著，羽絨衣與短衫，形成強烈對比，其實 7 月是辛巴威的冬天，即使豔陽高照還是冷啊！

到非洲划獨木舟？
這也太帥了吧！

　　贊比西河是世界上前十大美麗的河流，在出發前查閱了國外許多的旅遊網站，發現在這條河上可以做的事好多啊！——篩選我們可以從事的活動後，唯一割捨不下的就是泛舟（獨木舟）了，我果然非常有冒險犯難的精神啊！獨木舟之旅是探索贊比西河最佳方式之一，而且泛舟過程中，還能觀賞到各種野生動物及各種鳥類的棲息。

泛舟？ Canoeing、Kayaking、Rafting，傻傻分不清

　　在查資料時，一直對獨木舟很困惑，因為有三個單字都是獨木舟之旅，canoe、kayak 和 raft 三種。根據不負責任的查證之下，canoe（Canoeing）是比較像開放式艇面的輕艇，而且是單葉槳的划法，用在單邊划船；而 kayak（Kayaking）則是較為封閉式的輕艇，拿的槳是雙葉槳，可以直接兩邊划槳；而 raft（Rafting）幾乎都是激流泛舟，感覺是比較刺激的多人划槳。

　　贊比西河水流湍急，White water rafting 泛舟極為刺激，7、8 月是等級 5 的低水位泛舟級數，加上我們有小饅頭，年紀不到泛舟規範的 15 歲，沒辦法一起泛舟出遊，只能飲恨了。不過我們的地陪 Kuda 告訴我，贊比西河上的泛舟不只是有刺激的 Rafting，還有老少咸宜的 Canoeing 或是 Kayaking，從事活動的河段不一樣，推薦我嘗試看看。還好有聽從其建議，這果然是項超級難忘的經驗，除了可以悠閒泛舟，還可以看到沿岸的動物，實在太有趣了！

↑ 贊比西河裡隱藏著非洲最致命的動物，也就是鱷魚和河馬群，即使表面看似風平浪靜，仍是不能掉以輕心。

辛巴威和贊比亞兩側，都可以在贊比西河上泛舟

　　贊比西河上的獨木舟之旅（Victoria Falls Canoeing—the Zambezi River），這項泛舟活動不管是在贊比亞還是辛巴威都可以參與，位於維多利亞瀑布城，或是利文斯頓的旅遊公司（大飯店內也有），都可以預訂旅遊行程，依據時間的長短及泛舟內容，價錢約 80 ～ 130 美金不等（小孩半價）。這次發現，不管是到贊比亞的利文斯頓旅遊，還是到辛巴威的維多利亞瀑布城旅遊，所有可從事的旅遊項目幾乎都一樣，兩邊的旅遊公司都可以代為安排，只不過要想通過維多利亞瀑布橋，就得兩邊都辦理簽證，尤其是魔鬼池的活動，因為是在利文斯頓這一側的瀑布區，所以一定要準備好簽證過邊境喔！

　　老實說，在非洲的所有行程，我的兩位旅伴幾乎是全然不知情的，他們兩個每天都開開心心地被我帶出門後，才會知道要去哪裡玩以及要玩什麼。所以當知道是要去泛舟的時候，Frank 有點遲疑，因為他自己都不確定到底會不會泛舟，更別說是要協助我們，我一直很不負責任的安慰他，跟他保證有人會從旁協助，所以不用太過擔心（但其實我根本不知道啊！是隨便胡謅安慰他的，後來才發現船夫只幫女生划，全程 Frank 都是默默地自己划，哈哈！）

↑ 可能是女生的關係，我所搭的這艘獨木舟全程都由船夫搖槳，我只要悠哉地躺在上頭欣賞沿岸風光就好。

贊比西河划獨木舟，好愜意好悠閒

　　與其他行程一樣，在辛巴威的活動都會有車子接送，一早就會來飯店等候，驅車前往可以泛舟的地點，下車後會先填妥一份保險及切結書，雖然是項十分和緩安全的活動，但還是有一定的風險存在。贊比西被譽為是非洲大陸上最傳奇的水道之一，河裡隱藏著非洲最致命的動物之一，也就是飢餓的鱷魚和脾氣暴躁的成群河馬，即使表面是如此的風平浪靜，仍是不能掉以輕心。

　　到了岸邊，小饅頭立刻衝向沙灘，難得可以在非洲玩沙呢！我們的船夫此時居然開始布置起「餐桌」，因為我們要在海邊吃早餐，酒足飯飽才有體力划船啊！而且船夫還在現場煮起咖啡來，真是太專業了！

↟ 在贊比西河畔享用早餐，而且還有現煮咖啡，真是特別的經驗啊！

↟ 出發前還是免不了要填寫一份安全須知，簽名畫押，如果是因為個人因素造成的危險，旅遊公司是不理賠的喔！

這天陽光充足，整個贊比西河波光瀲灩，用完餐，船夫們忙著收拾及準備出遊的工具時，小饅頭跟爸爸就在旁邊玩水玩沙，玩得不亦樂乎！因為此時不趕緊去玩水，就太對不起這般美景了。

↟ 我們總共租了兩艘船，各有一位船夫幫忙搖槳及注意河上的安全，另一位是司機，還協助準備早午餐食。

從事泛舟活動一定要穿妥救生衣，也有小朋友的尺寸提供，因為可能會有翻船的風險，所以鞋襪都要脫掉收起來，跟著身上的包包衣物全都收納進防水袋裡，所以原本的相機也被迫收起來了，

↟ 從事泛舟活動一定要穿妥救生衣，也有提供小朋友的尺寸，穿妥救生衣並收好鞋襪，才能上船。

全程泛舟的照片只能使用運動型攝影機拍下。由於是一整天的活動，全程都在贊比西河上，若是尿急又該怎麼辦呢？船夫會找一處看似平靜的岸邊，然後在旁邊守著，以防動物突襲，然後尿急的人得赤腳跑到大樹後面方便，然後再趕緊跑上船。果然是叢林探險啊，好刺激！

↑ 出發這天陽光充足，整個贊比西河
波光瀲灩，魅力十足。

← 到了岸邊，小饅頭看見沙灘眼睛都
亮了，立刻飛奔衝過去，難得可以在
非洲玩水玩沙啊！

在非洲划獨木舟也太酷，說多帥就有多帥

用完早餐和簡單的泛舟教學簡報後，該是時候體驗贊比西河了，今天的行程有點猛，大概要划 8 ～ 10 公里左右，去探索這條既美麗又神祕的河流，而且沿岸周圍環境和通道有寬有窄，還能觀賞到不同的野生動物。

當然河流並非表面上所見，如此的風平浪靜，還是有可能會巧遇河馬，因此本身的肢體動作格外重要，切勿在船身揮動雙手，會引起河馬的誤會，且真的遠遠的看見，也要避開划行，保持適當距離，尤其不要靠近小河馬，以免激怒母河馬。根據經驗，在水位較低的季節，或是食物供應有限的旱季，河馬較具侵略性，當地人說，可以仔細聆聽啄木鳥（peckers）的聲音，因為如果河馬在附近，啄木鳥會發出警告聲響。河裡的確看見不少鱷魚及河馬，還是一切要小心為上。

偶爾也會有些急流，雖然跟白水漂流的激流相比，溫和許多，但仍是急流啊！所以小饅頭的尖叫聲不斷，也所幸全程泛舟過程，船並沒有翻覆。因為工作人員知道，大部分的遊客都是初學者，所以會陪同出發，除了隨時指導，也能協助搖槳，因此我幾乎都沒划到過幾次啊！我的船夫看我一派輕鬆悠閒的樣子，一看就是來拍照的，所以幾乎全程幫我划到底，倒是 Frank 一路賣力地划，後來還跟我說他的手好痠，果然男女有別（待遇大不同）！

獨木舟泛舟準備須知

1. 年紀限制

刺激的 Rafting 必須年滿 15 歲以上，而 Canoeing 及 Kayaking，則是需要年滿 7 歲以上，穿上救生衣，由父母陪同划獨木舟。

2. 體重限制

　　獨木舟的最大體重限制為 150 公斤。

3. 穿著需求

　　冬季保暖衣物（4～8月）、防曬、驅蚊、太陽眼鏡、遮陽帽及毛巾（水花潑濺時可用）。

獨木舟泛舟的安全注意事項

1. 要全程穿著救生衣

　　獨木舟泛舟安全的首要規則：全程穿著救生衣。雖然陪同出遊的專業人士會採取一切的預防措施，來確保所有泛舟人員的安全，但永遠不能太大意！意外往往就在疏忽之間發生。

2. 隨身物品用繩子固定好

　　如果有任何隨身攜帶的物品，例如衣物、望遠鏡或相機等，必須將它們固定在獨木舟內的防水袋中，這是確保物品安全且乾燥的最佳方式。

↓ 因為可能會有翻船的風險，所以隨身物品全都要收進防水袋裡，連相機也被迫收起來了，只能使用運動攝影機拍攝。

3. 記得塗抹防曬並戴上帽子遮陽

　　雖然 7、8 月是南部非洲的冬天，我們都穿著大外套，但陽光依然炙熱，過度曝曬可能會受傷，因此即使在冬天的贊比西河上從事獨木舟之旅，還是乖乖的做好一切的防曬措施吧！

4. 不要尖叫或驚慌亂動

　　在獨木舟泛舟的過程中，難免會因為急流而有點感覺刺激，或是突然遇到野生動物讓人感到亢奮，但是，保持冷靜是非常重要的事，以免驚嚇到河流中或是河岸上的野生動物。

5. 請留意河上最大危機：河馬及鱷魚

　　一般來說河馬不會無故靠近船隻，除非覺得被惹怒或是被干擾，因此低調地路過是最佳方式；至於鱷魚的部分，則是絕對不要在水中或是船邊晃動您的手臂和小腿，畢竟野生動物們都不是素食主義者，把身體任何部位突顯出來，這會讓牠們誤會，而造成危險。

6. 不要在贊比西河游泳

　　我想應該沒有這麼瘋狂的人，但還是要特別提醒少根筋的人，贊比西河是非洲最大的尼羅河鱷魚的家，我們可以好好泛舟，然後好好觀賞鱷魚，沒有必要兩件事放在一起。

7. 不亂丟垃圾不餵食動物

　　我想這裡還能這麼美麗及原始，就是因為人為破壞較其他非洲國家來得少，我希望贊比西河能永遠這麼的美麗到讓人驚嘆，就有賴大家的配合，不要有汙染、不要有改變，繼續維持它原始的一面。

非洲叢林上廁所

　　本來以為泛舟行程是此行最悠閒的行程，以為可以很愜意看動物的，沒想到因為時間太長而尿急，被迫得臨時靠岸如廁，搞得大家都非常緊張。當下只能隨便找一處看似安全的岸邊，再找棵大樹去後方上廁所，前方的人雖然看不到上廁所的人，但是後方的動物們都會看到啊！萬一其中哪隻不知名的動物突然跑出來，而我又光著腳丫，跑起來一定很慢，那就糗大了！

↑ 若是內急，船夫會找一處看似平靜的岸邊，讓需要的人赤腳跑到大樹後面方便，然後再趕緊跑上船。

　　上廁所被動物躲著圍觀好可怕，為何我會覺得被偷窺呢？因為我才剛上完廁所，一離開便有一群猴子跑出來，一直在那裡聞味道，實在好尷尬啊！

　　贊比西河畔的細沙，踩起來很舒服溫暖，一艘獨木舟橡皮艇只能坐兩位大人，所以大家要分開行動，各自努力。不過事實上我就是坐著而已，偶爾划一下做做樣子就可以，跟我同船的船伕則是非常盡責的在划船，可能也察覺我沒有很積極在划吧！因為大部分的河段都很平順，只有遇到岩石或是急流時，才需要緊張一下，大部分的時候，我都在準備運動相機的角度，沿途拍攝鱷魚、河馬及其它到岸邊喝水的動物，或者來捕捉小饅頭尖叫的有趣畫面。

↟ 獨木舟之旅是探索贊比西河的最佳方式之一，在泛舟的過程中，還能巧遇各種野生動物及各種鳥類，充滿驚奇。

夜間獵遊
在非洲的夜生活，跟動物一起開趴吧！

　　在非洲的獵遊，稱作 Safari 或是 Game Drive，也就是由嚮導開著吉普車，到特定區域尋找動物的蹤影，大部分都是白天，尤其是清晨就出發的獵遊，又或是黃昏時分的獵遊，因為動物們大都是清晨及傍晚出來覓食及喝水，所以這兩個時段是最容易邂逅動物的好時間。

夜間的獵遊體驗好刺激

　　由於某些夜行性動物就不見得可以幸運看見，因此辛巴威有項夜間的獵遊活動（Night Game Drive 或稱 Night Safari），提供了獨特的機會來探索這個奧祕的野生動物世界，這項截然不同的野生動物體驗，是在日落之前就出發，可以從黃昏開始獵遊，直到夜晚結束，整個活動大約歷經三到四小時。

不用到萬基國家公園也能 Safari

　　萬基國家公園是辛巴威最大的野生動物保護區，但距離維多利亞瀑布大約一百公里左右，來回車程太耗時，如果不是專程要去夜間獵遊，不一定要到萬基國家公園，因為在瀑布區這裡的野生動物保護區，也有提供吉普車獵遊服務。我們是參加一家飯店「The Stanley and Livingstone」的夜間的獵遊體驗。在維多利亞瀑布這裡的大飯店，幾乎都有私人的獵遊體驗可參與，奈何我們住便宜的小旅館，沒有這等服務，只好就近去別人的大飯店參加了。

↟ 夜間獵遊顧名思義就是日落時才出發，直到夜晚結束，是截然不同的野生動物體驗。

↟ 一樣是由嚮導開著吉普車，到特定區域尋找動物的蹤影，只不過看的是平常比較少見的夜行性動物居多。

↑ 在非洲動物最大，不管牠們何時要過馬路，都得乖乖在遠處靜候。

↑ 路旁就能看見犀牛，也是來非洲之後，才覺得不足為奇。

夜間獵遊流程

夜間獵遊會在 16:00 或 16:30 來接送，驅車前往野生動物保護區，在行進的過程中，路邊就會看到零零星星的幾隻動物，能在路邊巧遇大象也太幸運了啊！接著在日落時分時，嚮導把車停在一處空曠的空地上，然後把小冰箱內的飲料拿出來，再把一些小吃及點心擺放在車子前方，讓我們可以看著夕陽西下來場浪漫的小約會。

小饅頭在搖搖晃晃的行進過程中，早已經睡熟了，此時沒有電燈泡打擾，可以愜意的聊聊天、欣賞落日美景。光是想到草原上的夕陽，就已經感覺到浪漫氛圍了，更別說嚮導準備了飲料和茶點，讓我們來個曠野中的下午茶時光，實在好貼心好浪漫啊！雖然感覺很浪漫沒錯，但其實嚮導在一旁可是戰戰兢兢的，絲毫不敢鬆懈，他把車子停在空曠處，就是為了避免突發狀況會措手不及，雖然四周毫無遮蔽物的情況下，野生動物不會隨便靠近，但還是要小心為上。

➡ 嚮導把車停在一處空曠的空地上，讓我們可以看著夕陽西下，來場浪漫的小約會。

夜晚來臨後，會繼續上路，偶爾會遇到幾個路過的動物；等到獵遊活動結束後，會在叢林裡的一處空地，享用烤肉大餐。在叢林裡生火也是件奇特的事，這裡除了營火，居然還有餐桌，旁邊有一整排的美味佳餚可以自行取用，另外還有廚師正在料理著主菜，每個人可以選一樣野味排餐來享用。我們就在滿天星斗下用餐，用完餐點後，聚在營火旁促膝談心，聆聽著專屬於非洲夜生活的聲音，實在是太刺激了啊！

　　跟我們一起來夜間獵遊的，是一個到辛巴威工作的美國人，他趁著工作空檔來維多利亞瀑布城旅遊，很有緣份的跟我們同車。他說他有兩個小孩，比小饅頭還小，看著小饅頭獵遊興奮的樣子，讓他想念起他的孩子，說以後一定會帶孩子來這裡旅遊，體驗一下獵遊的樂趣。

↑ 在野生國家公園內舉杯。

在夜間如何發現野生動物

在夜間尋覓野生動物與在白天時截然不同，因為非洲沒有光害，尤其是草原上更是沒有路燈，天黑以後，幾乎整個曠野都會暗下來，視野只能透過手電筒的光束來打光，所以此時嚮導就十分重要，他會眼觀四面耳聽八方，只要一有任何風吹草動，就會立刻用手電筒掃描旁邊的灌木叢來照亮，此時相機就要立刻快拍，因為往往野生動物被手電筒一照，就又瞬間消失了。

如何在夜晚拍攝野生動物

晚上拍照十分棘手，幾乎是無法在吉普車移動的狀況下拍攝，所以萬一真的巧遇野生動物時，嚮導多半會停車熄火，讓大家好好拍一下照，但不可以使用閃光燈，以免傷害或驚嚇到動物，嚮導會使用手電筒照著遠方草叢間，製造些光亮，讓相機不至於對不到焦，此時就盡量調大光圈、調高ISO，讓相機可以獲得最大空間來加速快門，讓小動物可以順利入鏡。

原本以為已經去過了肯亞旅遊，曾經滄海難為水，會覺得獵遊活動沒有新鮮感，但其實感覺大不同，辛巴威有著辛巴威的操作模式，而且人潮相對少了許多，獵遊的品質真的大好啊！加上又有世界前三大的維多利亞瀑布加持，我認為它的觀光價值更高。

非洲日夜溫差大，晚上獵遊時越來越冷，我手凍到完全無法按相機快門，甚至手機及相機冷到瞬間沒電當機，我們在車上幫小饅頭裹上厚厚的大棉被，因此小饅頭舒舒服服地一路睡到吃晚餐時刻才醒，她說這是她吃過最好吃的晚餐了，但在森林裡吃烤肉，這也實在太任性了啊！

回程與其他已結束的人同車，依距離遠近，先載他們回飯店，再回我們的飯店，小饅頭看見別人下車，驚訝的說：「挖塞！這裡也太高級了吧！住在這間飯店裡，一定很舒服吧？」傻孩子，飯店當然有差別，那間飯店隨便一查，一晚上都要美金 300 ～ 400 元以上，而我們飯店一晚上只要美金 60 ～ 70 元啊！

在辛巴威旅遊的時候，當地人對小饅頭拿單眼拍照感到很好奇，其他遊客也覺得新鮮有趣，一直拿錢逗弄她，說要跟她交換，雖然小饅頭看起來似乎架式十足，但拍出來的照片，大部分都不忍卒睹啊！能拿出來跟大家分享的，絕對都是萬中選一。

↑ 獵遊活動結束後，會在叢林裡的一處空地享用烤肉大餐。

↑ 廚師正忙著料理主菜，每個人可以選一樣野味排餐來享用。

↟ 在叢林裡生火是件奇特的事,而且還擺設了餐桌及餐具,還有一整排的美味佳餚可以自行取用。

↟ 我們就在滿天星斗下用餐,用完餐點後,聚在營火旁促膝談心,聆聽著專屬於非洲夜生活的聲音。

夜間獵遊會看到哪些動物

　　通常，夜間獵遊會看見白天很少看到的物種，尤其是小型的野生動物，例如野兔、鬣狗、豪豬、大耳貓或是一些夜行性的鳥類，但是一般東非草原上常見的斑馬、牛羚、長頸鹿、犀牛，甚至獅子，也都有可能會巧遇。

← 想要在夜間尋覓野生動物，只能透過手電筒的光束來打光，只要一有風吹草動，嚮導會立刻用手電筒掃描旁邊的灌木叢，就會看見驚喜。

→ 第一次在野外看見貓頭鷹，無辜的樣貌也太可愛。

↑ 不管何時何地，長頸鹿都是美麗的背景。

夜間獵遊需要準備什麼

1. 防蚊準備

　　非洲很多疾病都是由蚊子傳染，雖然出發前已經打過疫苗，但是被蚊子叮咬還是很不舒服，記得要使用防蚊液，或是擦拭些蚊子討厭的味道，例如尤加利葉及茶樹精油等，因為蚊子通常在黃昏時最為活躍。

2. 保暖的穿著

　　不管白天有多炎熱，到了晚上太陽下山後，溫度會瞬間降下來，尤其7、8月間是南半球的冬天，所以不僅要穿上外套，準備保暖的帽子、圍巾甚至手套，都可以在夜間獵遊時派上用場。另外我們的皮膚禁不起這樣的折騰，在辛巴威旅遊期間，要隨時補充滋潤型乳液，以免皮膚受傷。

3. 望遠鏡和相機

　　雖然拍照效果不比白天，但如果能剛好拍下精彩的照片，也是件很難忘的事，所以相機和望遠鏡還是帶著吧!? 如果可以的話，最好還是準備可以自行控制光圈快門的相機，因為夜間拍照不比白天，困難度提高許多。

↑ 小饅頭的獵遊日記。

辛巴威旅行全攻略

注意事項總整理

⚙ 辛巴威簽證辦理

　　因為維多利亞瀑布橫跨在贊比亞與辛巴威之間，所以不走回頭路，訂了由贊比亞進，辛巴威出的機票。不論是辛巴威還是贊比亞，均須辦理線上簽證，有單次與多次簽證可申辦，大部分申請後，三五天就能拿到憑證，也有不到一天就拿到的例子，若是遲遲沒收到憑證，就要再上網申請一次。12 歲以下的小孩是不用簽證費用的，必須於線上辦理時，填寫在大人的申辦文件中，有帶小孩的這點要留意，記得填進去。想要進入辛巴威觀光，只要在網路上申請簽證，完成申請步驟，列印電子簽證，在抵達辛巴威的入境口岸時，再支付相關簽證費用（單次 30 美元，多次 45 美元，以現鈔付費即可）。

1. 簽證準備資料

(1) Passport copy 護照照片頁。

(2) ID 臺灣身分證。

(3) Hotel booking 旅館訂房證明。

(4) Passport sized photo 護照用照片。

2. 簽證申請步驟

(1) 在線上註冊帳號（evisa.gov.zw）並設定密碼（以電子信箱當帳號）。

(2) 填寫國籍、護照號碼、拜訪目的，以及簽證種類。

(3) 確認所需上傳項目後，點擊確認並非機器人。

(4) 填寫個人基本資料，並輸入電子信箱及電話，以供後續確認。

(5) 輸入國內地址及當地住宿資料，已婚者要填寫另一半的基本資料。

(6) 填寫入境與離境日期、入境關口、Visa 種類，及護照發照地點及到期日。

(7) 上傳文件（要圖檔格式 jpg 檔，才能上傳）。

(8) 最後再度確認所填寫資料。

(9) 點選完成，並可以在電子信箱內收到確認信。

(10) 網站上可以查看申請速度，收到電子簽證後，列印帶去。在海關處遞交電子簽證證明及費用後，就會得到入境卡。

ALL CORRESPONDENCE MUST BE ADDRESSED
TO THE PRINCIPAL DIRECTOR
Telegrams: "PRINCIM HARARE"
Telephone: +263 (0)4 791913-8
Facsimile +263 (0)4 764075

Private Bag 7717 Causeway,

DEPARTMENT OF IMMIGRATION
CONTROL HEADQUARTERS
Linquenda House
Nelson Mandela Avenue
Harare
Zimbabwe

Our Reference: ████

DATE: 19/05/17

571 Nyathi Road,
Victoria Falls
Victoria Falls

RE :   SINGLE ENTRY HOLIDAY VISA ON ARRIVAL CONFIRMATION

Full Name   : ████████
Nationality   : TAIWAN
Passport Number   : ████████

The above mentioned has been authorized to pay for their visa on arrival at the port of entry.

The statutory fee to be paid is USD 30.00 for the stated visa, and the passport holder is
subject to arrive on or before 19 August 2017.

VISA SECTION
IMMIGRATION HEADQUARTERS
19 May 2017
P. BAG 7717, CAUSEWAY
ZIMBABWE

T. J. Mgugu
For: PRINCIPAL DIRECTOR OF IMMIGRATION

ARIO PROJECTS
DEPARTMENT OF IMMIGRATION
H.Q
19 May 2017
P BAG 7717, CAUSEWAY
ZIMBABWE

◄ 辛巴威觀光簽證，只要
在網路上申請完成，列印
電子簽證，在抵達辛巴威
的入境口岸時，支付簽證
費用後，領取繳費證明，
即可入境。

✸ 瘧疾用藥及常備藥品

　　辛巴威屬於黃熱病與
瘧疾的疫區，前往旅遊需
準備國際預防接種證明書
備查，另外還要定時服用
瘧疾用藥，沒有施打過 A
型肝炎疫苗的朋友，最好
出發前也一併施打，以免
遭受感染。

⬆ 辛巴威也是黃熱病疫區，因此要有國際預防接種證明書才能入境。

❀ 使用貨幣

由於辛巴威通貨膨脹嚴重，已停用該國貨幣，全面使用美金及南非幣為流通貨幣。舊辛巴威幣已經變成紀念品，走在路上就會有一堆人拿著舊辛巴威幣來推銷，記得要殺價，買個幾張到辛巴威當個億萬兆富翁。

❀ 上網通訊

機場櫃檯可以購買手機上網的 SIM 卡，購買網卡需要出示護照，價格都不貴，落於 5 ～ 10 美元之間，選好適合的上網費率後，櫃檯人員會協助設定，設定完成即可上網。如果沒有網卡也不用擔心，各大飯店、旅館、餐廳及購物商場，也都有提供免費的 Wi-Fi 上網，不過網路的速度不穩定，也許訊號時有時無，而且也無法使用國際漫遊喔！

❀ 語言問題

辛巴威的官方語言為英文，因此所有的招牌指示、地名路標、餐廳菜單及觀光指南都是以英文標示，當地的旅遊產業發展已成熟，因此大部分商店及業者也都會說流利的英文，甚至還會簡單的中文，因此語言問題不大。

❀ 插座及時差

辛巴威的插頭型式是三孔式，上直下橫，因為早期是英國殖民地，所以與英國的規格相同，若是沒有帶轉接頭也不用擔心，飯店旅館均可借用，有的則是需要租金或押金；當地時間則是晚臺灣六小時，與贊比亞相同。

❀ 電源與電壓

電壓標準：220 ～ 230 V；頻率：50 Hz。

↑ 辛巴威的插頭型式與英國規格相同，為三孔式插座，上直下橫，若是沒有帶轉接頭，也能向飯店櫃檯借用。

☸ 氣候及溫度

辛巴威屬於熱帶草原氣候，氣溫舒適涼爽，年均溫在攝氏 18 ～ 20 度之間，11 ～ 3 月為雨季，5 ～ 8 月為旱季，最熱的月分是 11 月，當月最高氣溫約 28 ～ 30 度，但要注意會有雷雨，最冷的月分是 7 月，晚上氣溫可能會到達 10 度以下。

維多利亞瀑布最佳觀賞季節在 3 ～ 5 月，此時水量豐沛，瀑布澎湃而壯觀；而魔鬼池則是在 6 ～ 10 月之間可以入池，尤其是 9 ～ 10 月，贊比西河的水位夠低，由於水流減緩很多，上頭水池會平靜安全許多，若是魔鬼池未開放，也有個天使池可以體驗，同樣是位於維瀑頂端的懸崖上。

☸ 飲食及衣著方面

辛巴威的觀光業已屬成熟，景點及觀光區內的餐廳不少，在餐廳用餐基本上不用太過擔心不潔的問題，記得絕對不要生食即可，要吃全熟的食物，飲用水也要特別留意，大部分的旅客都會在超市購買瓶裝水來飲用。早晚溫差較大，在乾涼季前往，須準備一件外套，或是長袖衣褲來防寒。

☸ 當地交通

辛巴威的維多利亞城有國際機場，與鄰國間也有鐵路與客運相通，維多利亞城的城鎮不大，幾乎都能步行前往，當地沒有鎮內的大眾運輸工具，當地居民也都是步行，真正有車階級極少，因此交通接駁需要仰賴包車或是預訂計程車，可透過旅行服務中心或是住宿的飯店叫車，可以避免不合理的收費。

交通費用參考：

- 機場到飯店（計程車）：美金 20 ～ 30 元／趟。
- 飯店到維多利亞瀑布國家公園（計程車）：美金 5 ～ 10 元／趟。
- 市區到波札那邊界：美金 40 ～ 50 元／趟。

↑ 當地大眾交通工具不便，交通接駁需要仰賴包車或是預訂計程車，可先透過旅行服務中心或是住宿的飯店叫車，避免不合理的收費。

✪ 住宿

當地有很多各種類型的住宿選擇，除了一般的營地、旅館外，大飯店也不少，可依自己的需求來考量。

1. N1 Hotel & Campsite Victoria Falls（維多利亞瀑布城 N1 營地酒店）

是間經濟型的旅館，位置非常好，離維多利亞瀑布公園很近，步行 5 ～ 10 分鐘就到，價格也便宜，缺點是房間較小，設備也簡陋，一晚上的雙人房費用，大約美金 70 元。旁邊就是石雕市場，還有個當地市集 Elephant's walk shopping village，裡面有好多販賣旅遊紀念品的小店，也有旅遊公司開設在裡頭，如果有臨時想參加的行程，也可以在裡面參考活動。

地址：Adam Stander Drive 266,
　　　 Victoria Falls, Zimbabwe

↑ 經濟型的旅館設備簡陋，房間較小，但是價格就親切許多，有預算上考量的朋友，可以考慮入住此種旅館。

← 旅館提供的早餐也還算不錯，標準的英式早餐風格，飲料自取，簡簡單單，營養足夠。

2. Azambezi River Lodge（阿贊比西河酒店）

這個酒店就在贊比西河旁，景觀無敵，當然價格也就稍貴，但因為離鎮上較遠，所以需要搭計程車前往，飯店也有提供往來鎮上的接駁車，只是班次固定，大約兩小時一班車，一晚上的雙人房費用，大約美金 180 元。

地址：308 Parkway Drive, Victoria Falls, Zimbabwe

3. Victoria Falls Safari Lodge（維多利亞瀑布野生酒店）

這間豪華酒店享有優越的地理位置，可以俯瞰贊比西河國家公園，每個客房皆有露天陽臺享有美景，靠近酒店的後方有個大水坑，可以吸引不少野生動物前來飲水，在旅客駐足逗留期間，就能直接從客房看到象群、水牛、羚羊及狒狒們，一晚上的雙人房費用，大約美金 350 ～ 450 元。

地址：471 Squire Cummings Road, Victoria Falls, Zimbabwe

← 豪華飯店景觀無敵，價格也就昂貴許多，位於贊比西河旁的大飯店，從客房就能欣賞到贊比西河的日落美景。

↓ 豪華飯店的客房，都會設有露天景觀陽臺，環境寬敞，視野遼闊，不過住宿一晚，動輒美金 300 ～ 400 元以上，價格令人咋舌。

✲ 大致花費（提供2018年價格參考）

1. 維多利亞瀑布國家公園：30 美金。
2. 白水漂流：費用約 120 美元。
3. 魔鬼池／Livingstone Island Tours：只有在旱季才開放，所有船隻都由皇家利文斯頓酒店出發，包括短途乘船以及在魔鬼池的活動，當魔鬼池關閉時，會開放天使池給遊客體驗，兩者都在瀑布頂的邊緣。旅遊費用包含一餐，含早餐的費用為 100 美元，含午餐的費用為 175 美元，含下午茶的費用則為 140 美元。
4. 落日遊船之旅：價格約為 50 美元，物超所值。
5. 高空彈跳：每人約為 160 美元。
6. 鞦韆橋：每人約為 100 美元。
7. 直升機獵遊：15 分鐘航班 150 美元。
8. 博茨瓦納喬貝國家公園一日遊：每人約為 150 美元。

✲ 當地旅行社資訊

　　我們當地的地陪名叫 Kuda，從一下飛機就在外面等候多時，一看到我們便連忙協助將行李抬到獵遊車上。他也是我們在贊比亞與辛巴威期間的旅行聯繫人員，幾乎每天都會見面，每次看見小饅頭都會一路抱著她；如果沒見到面，有事想問他，傳訊給他也會立刻回覆，算是非常積極且負責任的非洲人了，因為多數人對非洲人的印象，都是慢吞吞的，比較沒有時間觀念，但是 Kuda 卻完全跟上亞洲人什麼都要快速的節奏，合作相當愉快。

- Escape to Adventure Safaris：escapetoadventuresafaris.com

⚘ 在非洲的旅行，不論是交通或是行程，都要仰賴當地旅行社的協助，所以找一間合格且評價好的旅行社，能讓旅程加分不少。

動物造型的石雕，十分逗趣，而且價格也較為平價，可以一次挑個幾個一起殺價，來當作伴手禮，或是給小朋友的禮物。

Part 5

購物篇

難得來一趟與我們文化差距頗大的非洲大陸，帶回一點能兼具歷史文化特色，或是地方特產的紀念品，也算是旅遊很重要的一環，不論是非洲哪個國家，首推手工藝的雕塑品或是當地部族手工的特色服飾配件，這些物品的價值在於每一樣都是純手工，獨一無二的，因此收藏價值極高。

來到東非諸國，販售的手工藝物品，基本上都是大同小異，各種動物的木製品、石頭雕刻、非洲鼓、手工動物面具及自製武器等，還有當地部族的手工服飾配件、項鍊及耳環，甚至還有布畫及紙畫，若不是這些東西實在太占空間，手提又太重，真想把這些各具特色的「玩具」全都帶回家。

木雕手工藝品

在非洲人的日常生活中，無論是建築、擺飾、面具或是生活用品，全都是以手工雕刻製作而成的，這些不同形象、造型各異、充滿戲劇張力的雕刻品，手法簡單淳樸，是最能表現非洲生活及審美觀的藝術品。

木雕被視為非洲文化中，最重要的藝術形式，它的地位就如同歐洲的石雕藝術品，或中國的陶瓷器，若能擁有一座極具特色的非洲手工木雕製品，其價值並不亞於其他富麗堂皇的擺飾。

不論是肯亞、辛巴威，還是贊比亞，都能看到許多極具非洲風情的木雕工藝品，若要購買，首選品質較佳的黑木雕製品，並且要貨比三家，因為其價格可以差距五至十倍之多。

↑ 上面排了一整圈的非洲動物盤，每隻動物都栩栩如生，想要完整帶回家，考驗打包者的功力。

↟ 用老山羊皮或是老牛皮手工製成的非洲鼓，非常推薦帶一個回家，因為每個國家的非洲鼓都具有自己的民族特色，聲音歷久不變，值得收藏。

➡ 馬賽婦女編織的飾品，每個都不太一樣，獨一無二，尤其是那條項鍊，據說那顆牙齒是她的丈夫在成年禮時，所殺的那頭獅子的牙齒。

石刻手工製品

雕刻藝術不僅表現在木雕上，在石頭上的各種雕刻，也是非洲的特色產品之一，但是石頭太過沉重，並非伴手禮的良伴。以非洲五霸為主題的各種動物的可愛石刻，變成大多數觀光客的戰利品。

鮮豔串珠飾品

馬賽人的鮮豔串珠飾品，也是非洲傳統特色物品之一，不過既然要買馬賽飾品，就要到馬賽部落去尋覓，才能買到真正手工製作，獨一無二的飾品。到熱鬧市集或是商店購買，可能會買到工廠大量生產，沒有靈魂且不具特色的製造品，多半是中國製造。

肯亞咖啡

一提到肯亞，就會直接聯想到以品質極優，名聲享譽世界的肯亞咖啡豆了。因為地形因素，肯亞全境都在高原上，氣候涼爽舒適，非常有利於咖啡豆的生長，加上環境良好，種植高度又高，因此肯亞的咖啡豆品質有口皆碑。肯亞咖啡有淡淡果香，味道偏酸，各大超市皆有販售，品牌種類也多元，可以買到原豆或是咖啡粉，若是想保存長久一點，可以購買咖啡原豆，需要時再拿去磨粉飲用。

肯亞當局會將咖啡進行統一分級檢定，然後在拍賣會場上出售，最高等級為 AA，最常見的是 JAVA HOUSE 的「KENYA AA」咖啡豆，上面會有大大的「KENYA AA」字樣。不過其咖啡豆是中度烘培，喝起來會稍微酸一點，不喜歡喝偏酸口感咖啡的朋友，可以買標示「DARK ROAST」的 Dormans 咖啡，或是 Gibson 咖啡，這兩個牌子味道也很好。

肯亞紅茶

肯亞的紅茶也是世界知名，為世界第三出口紅茶產地，僅次於印度及斯里蘭卡，購買紅茶來當伴手禮最為適合。超市販售的紅茶包，有很多品牌及口味可選，推薦購買 Kericho Gold 的紅茶包，因為肯亞的茶包大多沒有獨立包裝，一打開就是 50、100 包的放在一起，沒有做防潮措施，當地飲用沒問題，若是帶回臺灣就會不夠乾燥，為了保存方便，購買有獨立包裝的會比較好。

↑ 到了肯亞，千望別忘了購買著名的肯亞咖啡來品嘗看看，各大超市皆有販售多種品牌的咖啡豆及咖啡粉，推薦味道不錯的 Dormans 咖啡。

↑ 身為世界第三大出口紅茶產地的肯亞，擁有眾多品牌及口味的紅茶可以挑選，非常適合購買來做為伴手禮。

辛巴威紙鈔

　　來到辛巴威，最不會後悔的
收藏品就是辛巴威的舊紙鈔了。
當年辛巴威政府因為土地政策錯
誤，而造成通貨膨脹，連帶經
濟整個大崩盤，開始狂印鈔票
想解燃眉之急。狂印鈔票的結
果，在 2009 年居然發行了擁
有 14 個零，金額為一百兆元的

↑ 辛巴威發行過的最大幣值，就是一張擁有 14 個零，
幣值為一百兆的辛巴威幣紙鈔。

紙鈔，紙鈔頓時變得不值錢，因為人人都是億萬富翁，
名副其實的「窮得只剩下錢」，就算抱著大把鈔票走在路上，也不會有人搶
劫，因為錢在這裡一點用處也沒有，物資才珍貴。

↑ 到辛巴威旅遊最不後悔的收藏品，就是廢棄的舊紙鈔了，除
了最大幣值外，其餘的幣值都可整疊購買，價格落在美金 10 元
以下，可以感受一下當億萬富豪的滋味。

　　現在辛巴威以美金
交易，不再使用這些舊鈔
票，如今這些已經不能用
的辛巴威貨幣，變成了觀
光客的心頭好，收集大面
額的辛巴威鈔票，成為來
辛巴威旅遊的購物行程
之一，不過紙鈔沒有固定
市場行情價，路邊小販會
隨意開價，可以多加評估
後再殺價購買。

在非洲購物殺價技巧

在非洲的購物點，如果不是大城市的商店，常常會發現商品上是沒有標價的，他們會在手上拿張白紙，當顧客選中工藝品時，就用白紙與客人議價，所以來非洲旅遊，商談價格是必學的技能，每樣商品都要殺價再購買。

1. 殺價要從三折起

殺價通常不會一次就成交，所以一開始就要從三折開始講價，慢慢會來到五六折左右，至於最後成交價多少，那就要看狀況了。不過要真的喜歡商品，想購買時再殺價，這是禮貌，不要胡亂殺價之後，最後沒有購買，這樣商家會不高興，怕會引起衝突。

2. 態度表情要堅定

小販兜售物品也會看人，如果伶牙俐齒、長相精明的人，對方就會知道價格要好好談；但是如果外表長相較為敦厚溫和，殺價成功機率通常較低，為了避免因外型因素而吃虧，此時就要收起笑容，態度要堅定一點，臉色也嚴肅些，氣勢上就較不會被影響，成功機率也會提高。

3. 隊友幫手很重要

殺價一定要有幫手，當價格陷入膠著時，就算再喜歡，也要假裝直接轉頭就走，這樣價格就會自動再降價；或是身旁要有人表現不悅，已經不耐煩想要離開的樣子，這樣也會提高殺價的成功率。

千萬不要流露出很想要這個東西的神情，尤其身邊有小孩（如：小饅頭）的最容易壞事，萬一小孩一直吵著想要，殺價就難了，所以進購物點之前，一定要事先溝通清楚，要一起演一場戲才買得到，切記這間有，別間也一定會有，不用執著。

↟ 有些地區會有當地小朋友來兜售自己做的手工藝品，雖然不像購物商店內那般精緻，但卻是小朋友親手做的成品，可以適當購買給予肯定，也間接資助其生活。

　　對於不擅長殺價的人來說，可能會覺得殺價很辛苦費事，不過這是文化的一部分，也是觀光發展之後的結果，只要覺得價格合理，雙方都有共識也不算壞事，更何況跟東南亞及其他地方相比，完全不用擔心是假貨，或是品質不佳等問題，因為非洲這裡絕對是真材實料的手工藝品。

國家圖書館出版品預行編目資料

非洲親子自由行 ： 肯亞、贊比亞、辛巴威漫遊全紀錄 /
蔡晉甄作. -- 初版. -- 臺北市：華成圖書，2019.06
面 ； 公分. --（自主行系列 ； B6216）
ISBN 978-986-192-349-9（平裝）

1. 自助旅行 2. 肯亞 3. 辛巴威 4. 尚比亞

760.9　　　　　　　　　　　　　　　　108005613

自主行系列　　B6216

非洲 親子自由行 肯亞、贊比亞、辛巴威漫遊全紀錄

作　　者／蔡晉甄（蘇菲）

出版發行／ 華杏出版機構

　　華成圖書出版股份有限公司
　　華成官網 www.far-reaching.com.tw
　　11493台北市內湖區洲子街72號5樓（愛丁堡科技中心）
　　戶　　名　　華成圖書出版股份有限公司
　　郵政劃撥　　19590886
　　華成信箱　　huacheng@email.farseeing.com.tw
　　電　　話　　02-27975050
　　傳　　真　　02-87972007
　　華成創辦人　郭麗群
　　發 行 人　　蕭聿雯
　　總 經 理　　蕭紹宏
　　主　　編　　王國華
　　責任編輯　　楊心怡
　　美術設計　　陳秋霞
　　印務主任　　何麗英
　　法律顧問　　蕭雄淋
　　華杏官網　　www.farseeing.com.tw
　　華杏營業部　adm@email.farseeing.com.tw

定　　價／以封底定價為準
出版印刷／2019年6月初版1刷

總 經 銷／知己圖書股份有限公司
　　　　　台中市工業區30路1號　　　電話　04-23595819　　　傳真　04-23597123

讀者線上回函
您的寶貴意見
華成好書養分